La philosophie de l'anamnèse

Tome I

Julien Quittelier

Du même auteur

Aux légions de l'azur, éditions EDILIVRE

Vespéral de l'être, éditions ÉLP

Sonnets du levant lacrymal, éditions Stellamaris

La transparence des bleuités, éd. BoD

Les cimetières hallucinés, éd. L'Harmattan

À ma mère.

« J'ai reçu la vie comme une blessure et j'ai défendu au suicide de guérir la cicatrice. »

Comte de Lautréamont

Préface

Poésie ou philosophie ?

— Ces proses que l'auteur écrivit entre ses 21 ans et ses 23 ans s'inspirent de nombreux essais philosophiques tels les essais d'Henri Laborit et ceux de Camus et de Sartre, et aussi de certaines tirades de Cioran ; bien contradictoirement. Également marquées par le roman russe et allemand, mais aussi marquées par des poètes tels que Maeterlinck / Gilkin. Le chant implorant et parfois suranné pourrait se comparer au Comte de Lautréamont cité en phrase-seuil de ce livre.

Spirituel, bien sûr…Onirique et nostalgique, bien sûr… mais la philosophie en tant que philosophie non conceptualisée et non universitaire (donc en cela se rapprochant davantage de la philosophie romaine) est omniprésente dans telles fresques fleuries, telles métaphores rimbaldiennes, et surtout telles ébauches hermétiques qui ne cessent de remuer pêle-mêle les cendres monacales de Mallarmé. — « Poético-philosophique » est bel et bien la plus fidèle association. Il faudrait y lire une sorte de Don Quichotte du verbe, car « anamnèse » sous-entend un retour à la mémoire. Cette mémoire retrouvée a la volonté de fuir, être autrement, dans un autre corps, dans un autre esprit ; cette mémoire désire une autre mémoire, ailleurs ; en éden personnel, en ciel, en thébaïde, le désir d'une ascèse à la manière de Thoreau, le désir d'une esthétique à la manière de Huysmans. C'est cette recherche philosophique : la recherche de l'ailleurs, que Bachelard a tellement déjà bien poétisée dans *La poétique de l'espace,* entre autres. C'est aussi la réflexivité de la pensée de Paul Valéry, notamment dans son livre *Mélange et Monsieur Teste.* Ce n'est certainement pas l'anamnèse de Marcel Proust, ce n'est certainement pas le « jeu » psychologique génialissime de Fiodor Dostoïevski et encore moins l'autobiographie mémorable romancée de Romain

Garry. Disons-le clairement, prose poétique ou pas, ce n'est pas de la prose poétique comme l'entendait, par exemple, Baudelaire, mais qu'est-ce alors ? Des confessions ? Des exercices de pure intellectualité ? Des proses post-mallarméennes ? Un simple regard sur l'esprit ? Un journal de pensées ? Ce sont des proses intimistes qui vacillent entre l'anamnèse et l'amnésie. En fin de compte, l'on pourrait dire que c'est bien là la philosophie d'un homme (navré, désabusé, cynique ou désespéré — mais espérant...) qui n'attend et ne veut qu'une chose : la fuite. La fuite de son corps, de son esprit et de son âme ; la fuite du père et la fuite de Dieu ; la fuite du verbe et la fuite de la Muse.

Cette fuite prend des teintes de déréliction et donc de perte de sens et de perte de repère, de brume antécédente et de clarté légère ou pesante ; c'est un glissement, un rabaissement, que ce soit par la nuit, les drogues, l'outre-monde, l'idéalisation ou encore la tristesse. Le lecteur prendra note que c'est ici de la littérature égotique et que le thème redondant est bien la perte totale d'individualité et d'intersubjectivité ; c'est, bon gré mal gré, une philosophie, appelons-la comme ceci, de repli sur soi pour atteindre, et c'est flagrant au fil de la lecture, pour atteindre l'impersonnalité ; une sorte de philosophia perennis cherchant le Soi. Il en découle quelque chose de social dans une société où tout rend l'individu impersonnel. Pamphlet de notre (ou des) époque(s) ou joyeuses inspirations intimistes ; propos politiques ou allégorie de notre bien-pensance, ce livre offre la possibilité de pénétrer dans la Psyché de l'auteur qui joue un peu sur les mots « anamnèse » et « amnésie ». Quand est-ce que véritablement l'auteur nous suggère-t-il l'anamnèse ? Critique qui peut bien sûr être socio-culturelle, en cela il faudrait être en lice de l'amnésie ou de la résilience pour être le plus indifférent aux nombreuses vicissitudes de la société et de tout ce qui la compose dans ses horreurs et ses asphyxies nauséabondes terrifiques. C'est en quelque sorte un éloge de la fuite aux préoccupations intimistes et aux figures de style les plus poétiques ; mais en cela même il y a philosophie, d'où ce titre quelque peu en inadéquation *La philosophie de l'anamnèse* qui suggère donc la philosophie de l'amnésie, de la résilience ; mais avant de l'atteindre, d'allumer le feu grec sur la cime, il faut rechercher l'anamnèse, l'extrême limite hypnotique des moindres détails oniriques, et puis, après, serein et confiant, se laisser transporter dans l'oubli, l'indifférence, le dédain, en fin de compte : la résignation. Il y a l'anamnèse de la révolte, en cela il y a l'amnésie si ce n'est du suicide de la fuite : fuite qui engendre peur, perte de sens, réclusion, mais aussi connaissance de soi et oubli de ce qu'il faudrait, tant soit peu, s'évertuer à oublier ; c'est un livre sur la solitude et le désespoir ; mais il faut imaginer Sisyphe heureux. Car parmi ces notes lugubres et ses fins nostalgiques et cet athéisme de regret, il reste la possibilité de dynamiter les pollutions omniprésentes dans l'esprit et voir, en quelque sorte, le monde sur sa tour d'ivoire, en ascète, en esthète, en onirologie, qu'importe. Fuir son enfer personnel et acquérir le plus de pureté possible face au mal, aux guerres, à la méchanceté, à la cruauté, aux très nombreux enfers ici-bas ; pour que la paix soit physique et que l'on puisse la serrer dans nos mains et la presser contre notre cœur.

C'est, par exemple, tout le propos du livre *Martin Eden*. Il se souvient, il apprend fiévreusement, pour en fin de compte ne plus tolérer cette apprentissage, c'est alors qu'il prend fuite par le biais du suicide parce qu'il est aimé pour ce qu'il n'est pas. C'est aussi le cas de l'esthétique. Quand la tradition, l'anamnèse, est succédée par la traductologie et donc la poésie « libriste ». Cela peut être le cas des organisations politiques. Cela pourrait être l'anamnèse du couple qui s'étiole par une amnésie partielle. C'est le cas de Nietzsche, de Dagerman, de Duprey, de Nerval, de Toole, etc. Bien que d'une extrême tragédie, et encore au-delà de l'amnésie résiliente ; ce qui ramène à la première phrase du *Mythe de Sisyphe* de Camus. J'entends par « amnésie » une pluralité de signifiés qui pourraient se résumer par « déréliction hédoniste » ou « résilience lucide ». Je dirais comme le philosophe Jean-Luc Nancy : *« Plus qu'un accès au sens, c'est un accès de sens »*.

Il ne faut pas y voir une apologie de la déréliction mais plutôt un voyage, de plus qui nous rassemble toutes et tous, onirique, où chacun pourrait se substituer aux propos souvent excessifs du « je ». Afin de tenter de voir et d'entendre *à sa manière*.

Si comme Leopardi le note : *« la beauté du discours et de la poésie consiste à susciter en nous des groupes d'idées, à permettre à notre esprit d'errer dans la multitude des conceptions, dans ce qu'elles ont de vague, de confus, d'indéterminé, d'imprécis. Cet effet s'obtient grâce à des mots appropriés qui expriment une idée composée de plusieurs parties et liée à de nombreuses idées concomitantes ».* ; ce livre est poésie pure. Si comme Socrate : *« Je sais que je ne sais rien.*

» ; Si l'on en revient à l'étymologie de la philosophie : ''l'amour de la sagesse ou l'amour du savoir'' ; si comme au temple de Delphes l'on prend en considération la phrase couronnant la philosophie : « *Connais-toi toi-même* » ; ce livre est philosophie. On en revient à l'égotisme comme depuis Platon et comme, par exemple, dans les essais de Montaigne. C'est donc, dans ce livre, une philosophie égotique coloriée de poésie. Ce ne sont pas des poèmes en prose égotiques, ce sont des proses philosophiques égotiques traversées par des souffles poétiques, des formes poétiques, des expressions poétiques, des champs poétiques ; il n'en demeure pas moins que c'est bel et bien des proses de philosophie égotique — *à ma manière.*

De toute façon, il peut très harmonieusement y avoir de la philosophie dans la poésie, et inversement. A contrario, par exemple, *Ainsi parlait Zarathoustra* n'aurait pas suscité autant *tel mélange* inclassable ou classé par certains.

PROSES — 2013-2015

Chapitre I
Le pourpre de Gilkin

Éloge de la fuite
Comme le pourpre et le carmin d'Iwan Gilkin

La nuit a laissé ses empreintes au confluent de mon être ; les ans se sont entre-nui pour l'esquisser dans ma chair, ma chair faillible de l'urne et de l'aurore — ma chair d'antécédences et d'insurgences. L'espace en lequel je crois me décrypter artistement se peuple et se décèle des premières aurores et des nuisances contemporaines d'un monde qui n'égraine plus les lyres nocturnes ; des femmes et des hommes y subsistent, ils tentent d'éprouver du plaisir et plus qu'autre chose ils tentent d'accroître leurs potentialités, leur existentialité, et peut-être leur loi morale. Ils tentent d'accroître leur intégration sociale et cosmique, seuls et encore plus seuls. De cet infiniment quelconque, je vous écris au sortir d'une nuit savamment espérée et les autres nuits seront sublimées, à tout le moins reflétées, sur cette blancheur angoissante et agonisante d'une névrose sans plus de larmes que de dieux.

J'écris mon autre chair sur des pages sans dessein et sans blessures et par lesquelles je vous conjure de croire que nous sommes des êtres si peu éloignés les uns des autres que nous pouvons présumer avoir connu ensemble quelques nuits, et ce malgré les inimitiés vis-à-vis de leurs composantes ; de nous y être abandonnés, de nous y être convaincus, de nous y être décelés, d'y avoir déposé la vigueur des sens savants, des sens damnés par le soleil des profanités, et d'avoir intimé ces sens en lieu et place des jours sans plus ni moins de consolation. Je vous écris lorsque impunément l'aurore brise son maillet, le maillet de la Névrose, le maillet de la désagrégation, le maillet d'une Némésis que seuls le mensonge et la vengeance font crisser en juste et irrévocable sentence ; l'aurore ou celle-là comme une Lampe d'icônes qui promeut la révération, les idéaux diurnes, les cieux alcyoniens et cette mer qui a englouti les tempêtes de la nuit ; ce sont nos tempêtes, innées, tellement innées qu'elles nous rappellent à l'ordre dans l'impalpabilité des plus secrètes interrogations et des plus impudiques expressivités.

— J'imprègne ces pages de nuit comme un or à l'alliance contracte la pureté de l'idéal.

Le désir provoque des blessures, les Utopistes considèrent qu'il faut toucher ce désir en préparant sa satisfaction instantanée, au sein des prouesses du rationalisme et de l'individualisme. Dans les fleurs marcescentes que nous cueillons pour accroître la vigilance stylistique, il en est qui fécondent un désir de posséder tout un pays de roses, un pays de symboles, un pays d'Oméga et d'Élysée. Cette blessure ne peut pas être apprivoisée et les plus grands utopistes, qui idéalisent la cité par des religiosités, des sectes, des apologies nouvelles, ne peuvent conceptualiser un théorème qui la soignerait infiniment et résolument... Pourtant l'Icarie est en chacun de nous, lieu psychique où l'harmonie et la fusion prévalent.

Cette irréparable blessure est erratique, abyssale et omnipotente ; mais dans la nuit sa douleur s'endort par les désirs immédiatement assouvis, la nuit de l'Utopia ; comme pour vouer un culte et un sacerdoce à ce qui serait l'illusion et attenter au réel relatif, à la raison relative mais attenter au mensonge, ce mensonge d'hyperboles et de furtives et diffuses malices. Les fleurs mariales et les fleurs maladives en d'autres nuits qui s'éclosent gisent plus fleurdelisées que jamais ; où l'aurore ne peut rien déterminer, alterner, invertir et pervertir, ne peut nous mentir ; où les élégantes rumeurs, sélènes et natives, cheminent à leur Tâche et à la Nôtre : que nous sommes fraternels de nuits et de révolte, d'existentialité, de désirs et de blessures.

Le soleil a d'une certaine manière damné mon esprit, non mon âme, celle-là que j'ai jetée dans le fœtus de la résignation. Je vous écris des apsides et des flammes du bitume, peut-être considérerons-nous l'affabulation au fait que je m'y complaise, présomptueux du carnage et de la molestation des sens ; peut.être ressentirons nous l'incompréhension une fois confrontés à une apologie égotique sur le thème de ces larves radioactives qui déciment le cadavre suburbain des mystiques contemporaines... Le propos est un chiasme qui promulgue ce fait que tout ce qui semble faire non-sens représente tout autant un univers de révération, et gravées les épiclèses de la nuit sont destinées aux choses qui nous renvoient au dieu de la finitude, au dieu de l'absurde, au dieu de la pensée emprisonnée, de la pensée emprisonnée qui s'est extirpée d'une geôle innommable, au dieu de la fuite dont l'orchestre atteint parfois celle de non-retour.

Un livre connu de nous par son monopole a déjà effleuré les effets de la nuit à des fins stylistiques et a pris la tangente dans ce qui semble être la description du côté le plus sombre de l'église ; bien que le constat soit probant.

Ce ne sont que les concrétisations d'un dictat dont les résultats, les finalités, peuvent se légitimer à condition qu'ils soient mis en parallèle à toutes les finalités et résultats de tous les dictats qui font office de manière de penser, qui conditionnent la représentation et les principes, jusqu'à ce que nous nous y complaisions ; ces encres, donc, sont aussi bien sensées que n'importe quelle monographie, sensées comme un traité sur la sagesse ou censées comme un cours de probabilité ; qu'importent leur qualité stylistique et leur moralité. À force de nuits il se crée un néant rempli d'une extrême culpabilité, ces nuits ne se suffisent plus à elles-mêmes, elles peuvent être élévatoires, ou le sembler, mais elles ne prodiguent pas la satiété d'un désir de fuite, de rébellion, d'existentialité.

C'est pour ce fait, fait incontestable, que j'ai mêlé ces nuits dans l'art, autre frange de sublimation mais hautement respectée, pour susciter en moi-même une déculpabilité, un horizon moins tellurique où la fuite a la possibilité de se mouvoir davantage par-delà, et où la rébellion décèle des symboles qui sont aptes à retranscrire un sentiment d'absurdité qui croît à mesure que les nuits ne suffisent plus, et même périclitent dans une morbidité infâme, pour reproduire le Mensonge sisyphéen, après avoir pris toute l'énergie nécessaire de l'être tant et si bien qu'il ne sait plus s'extirper d'une vérité qui lui paraît d'autant plus… inéluctable.

Pourquoi mes nuits ont tellement besoin de l'art ? Pourquoi mon art a tellement besoin des nuits ? L'abnégation, tout autre terme pourrait mieux convenir, dans ce cas précis, a été pensée par l'être du manque et de la culpabilité, et cet être s'est retrouvé confronté au Mensonge, il a voulu s'exiler de ce Mensonge et dans un même temps le décrypter, lui accorder une valeur, un sens, une consistance par l'horizon des Muses.

Ces nuits, que sont-elles ? Cet art, qu'est-il ? Un clivage somnambulique dès lors que ces deux phénomènes se parallélisent pour former une polarité assez confortable et magnétique pour que je veuille m'y transposer et dont tel état à tel état est facilement franchissable ; lesdits états se mêlant jusqu'à tant qu'ils se suffisent à eux-mêmes et qu'ils se surproduisent ; s'inspirant par l'intersubjectivité cosmique pour créer une voûte, une nef dessus un désir assouvi instantanément ; un exil mêlant l'être au non-être, une entité utopiste, une île icarienne, un abandon de soi rythmé par l'élévation, un éloge de soi : bourreau de soi, victime de soi ; dans tout vingt-et-unième siècle quelconque. Je peux me nommer quidam et me décrypter faisant partie de tout un chacun, délogé, dépravé aux doigts de fée, Maldoror de l'inexpiable, tant que les dunes ensablées laissent les vents crépusculaires désensevelir leur terreur du berceau et leur splendeur du tombeau, comme l'écrivit si bellement Maurice Maeterlinck.

Deux esprits régissent ma chair, l'un tend à l'élévation, prométhéen, déicide, il Cherche jusque son renouvellement, c'est l'esprit de l'art, plaisir à retardement ; tandis que l'autre tend aux choses élévatoires, il se repose sur des commodités vécues et nettement ressenties dès sa Genèse et par lesquelles il se laisse endiguer sans effort, sans travail, sans rythme, de façon réflexe, jusque la satiété, c'est l'esprit de la nuit, désirs immédiatement assouvis. Tandis que l'esprit de la nuit cherche à être élevé par des énergies extérieures, l'esprit de l'art est réflexif et suppose une intériorité qui croît à mesure de ses dérèglements. Il m'apparaît plus clairement que l'art représente cette primordialité mais au-dessus de tout cette déculpabilité. Comme il est nécessaire qu'un oiseau ait besoin d'une branche pour se reposer, l'esprit de l'élévation se repose sur minuit. C'est dans cette nuit-là que l'esprit tend à l'ascension-réflexe et les outils pour qu'il en soit ainsi doivent être jaugés avec préciosité, sinon avec des accointances.

Mais il est un autre esprit, celui qui divise, le malin, lorsque le somnambule plonge dans des ténèbres plus impressives, lorsqu'il ne sait pas atteindre l'élévation espérée à mesure que les choses élévatoires comblent tout espace et toute quintessence, l'esprit de tous les suicides. L'art est cette parenthèse qui prolonge la phrase pour que le lecteur ne s'offusque pas de sa brièveté et pour qu'il convienne de ses nuances. L'élévation est un tour de force qui sans les choses de la nuit ne peut pas m'être préfiguré mais qui s'abolit dès lors que ces choses de la nuit surpeuplent l'existence, bien qu'elles assurent des illusions confortables et normées bienfaisantes à tout être épris de confort, d'exil, d'apitoiement. C'est pour cela qu'à l'esprit de la nuit, la nuit de l'Icarie, je mêle l'esprit de l'élévation, l'art, pour ne pas mourir, mourir de n'importe quelle façon, pour ne pas m'attenter dans l'unique nuit, et pour circonvenir mes abnégations d'une idéalité. C'est à ce moment que l'abandon de soi s'épanouit dans l'intersubjectivité, présageant l'accomplissement réfractaire à tous les mensonges quant à leur absurdité.

Lorsque je me remémore les nuances de la nuit mon regard me convainc que c'est la seule chose que j'ai non seulement à susciter, à exploiter, à faire valoir, à faire préfigurer, mais il me semble principalement que c'est l'unique raison que j'ai à perdre ; non pas la nuit de l'amour, de l'amitié, des voyages à aller-retour, non pas l'autre de la rare insomnie qui prodigue de rares tristesses, ni la nuit qui s'écrit lorsqu'elle nous fait nommer le soleil, le soleil des missives ajournées ; mais la nuit des raisons et des danses oublieuses, la nuit de l'exil métrée au confluent du vide, la nuit psychique, la nuit de la filiation innée en chacun de nous, la nuit qui s'illusionne sous des formes licencieuses, sans plus de science que de profanité ; je me confonds dans son blizzard, dans ses strates suburbaines, et, malgré moi, je sens mon imaginaire ensevelir la réalité sous l'idéalité, elle n'est presque plus discernable mais elle persiste à me mentir ; et ma fuite est consécutive à son Mensonge, l'abnégation fait sens, l'excoriation est légitimée dans un total abandon de soi, dans une Retraire mystifiée, et le Mensonge finit par prendre le large comme ses syllabes s'évaporent en décryptant les joliesses de l'enfer.

Je relègue cette réalité, je la traque, je la décèle, je la châtie, par une sorte d'objectivité similaire à celle des paranoïaques, non pas qu'elle contienne plus de vérité que le présage le sens des paradoxes, mais plutôt qu'elle ait artistement raison. Dans l'infiniment atomique je retourne à la Poussière, immédiatement, celle-là se désagrège et se syllabise dans une sorte de paradis intellectuel, de Charybde en Scylla, où l'art fait office de liturgie fiévreuse, plus ou moins exact de retranscrire les exactions dupliquées, et primordial à la déculpabilité. Tant que je ne deviens pas un pécheur qui prêche en raison de résipiscence, ce n'est ni une gageure ni une tâche ingrate. Tant que je l'écris par la Réminiscence, ce n'est pas une infatuation héroïsée par les Déluges de la nuit. Si je reste vivant je serai convoqué par cent mille milliards d'étoiles qui veilleront sur les Catharsis de la nuit le temps que l'exacte sentence estimera en moi le deliquium de toute revanche, le total oubli d'une cause exorbitante dont les corollaires ne seront plus qu'un vieil orage intérieur, si savamment intériorisé, si violemment décrypté, si empiriquement débauché qu'il conviendra de ne plus y songer et de ne plus en être terrifié, qu'il conviendra de ne pas vouloir être le Prométhée de cet effet mais plutôt un Bacchant révolutionné et régi par des lois cristallines, sans plus de netteté que d'opacité…

Et je confonds mes sens qui extirpent à la nuit les duplicités de tous visages, de tous lieux, les duplicités de Midi, m'affectant d'un pays de symboles, de couleur d'apôtre et de bitume religieux, où l'honnêteté centuple le péché originel, carrefour des âmes latentes et des âmes sentenciables, et où elle subvient par la nécessité de décadence, celle-là que nous enfouissons codifiée dans un dialecte moraliste, que nous sublimons par des actes dont l'absurdité nous prodigue quelque fierté à leur accomplissement ; et nous voilà censeurs par la prodigalité de théorèmes dont les rigueurs irréfutables nous convainquent de la bienséance à chevaucher, à endiguer ; en psalmodiant la haine de tout ce qui fait contre, en nous estimant demoiselles et gentilshommes des mœurs. Ce mensonge n'est pas assez de ces Offices pour que je veuille m'y astreindre et m'y assujettir et, malgré mon humanité, je préfère la décadence de tous les hommes vivant selon leur gré plutôt que le dérèglement, même la dénaturation, ou même l'artificialité, de ceux-là qui vont heureux à leur besogne et qui vont infamant les Despotes de la nuit.

Parmi les heures modernes, il a fallu que je choisisse celles de la Nuit, laquelle symbolise tous les contraires mais aussi toutes les contraintes dans le but d'une lésion spirituelle, non plus la débauche irréfléchie dont le but n'est qu'elle-même, bien qu'elle ne soit jamais qu'elle-même ; cette primordialité se rencontre chez quelques êtres de la nuit chez qui rien n'est plus estimable que ces Fontaines de Jouvence, et qui se peuplent tout autant que n'importe quel dieu de l'accomplissement, du Progrès, bien qu'ils soient normés tout autrement.

Voilà que l'exil en présage un autre et, au bout d'un temps, la réalité resurgit avec d'autant plus de puissance, une multitude de minuits d'une autre nuit, un autre summum cimé par des fantasmes poétiques, une nuit qui fondrait au soleil infini, qui laisserait les rouages d'un Érèbe pénétrer encore plus avant, au fond de l'être, pour plus de fuite, plus fiévreuse, plus haut que la perceptibilité la plus ciselée, l'azur ne paraît pas, la santé se périclite ; le progrès, l'amélioration de soi, les rêves, les amours, l'espoir, la rédemption s'estompent, se dépeignent, se dissolvent ; l'Art est convoqué à ses descriptions, ses apologies, ses utilités, concrété dans la plus absolue abnégation, déchu d'un ciel sans mémoire en extase de ses rythmes à peine perceptibles ; la mort paraît lorsque la nuit n'est pas remplaçable, lorsqu'elle est seule apogée de la fuite, et la nuit sentencieuse poursuit la chasse de la réalité sans plus d'ambroisies en laquelle seul l'Olympe d'un total chaos pourrait les prodiguer eu égard à une élévation des sens, et non à leur emmurement, à leur enfouissement, une pleine conscience crépusculaire mêlée au premier abord à du désespoir ; un oubli de soi que l'être n'est pas, une abnégation que l'être l'est, même dans ses performances les plus prophétiques, même dans son égotisme le plus saillant, car le mal s'y contorsionne en première instance, il est le juge pamphlétaire dont le maillet est un antique couteau qui trace les sillons de la nuit dans toutes mémoires jusque celles éprises des clartés.

L'être de la nuit qui dit : « Tant que je peux rester, je fuis », décrée son chemin pour créer son Odyssée, son Ithaque est blessures, nuits, convulsions, étouffements, mais comme il s'épanouit... Comme ce qu'il y a de plus honnête en lui se concrétise... En face à face avec ses démons pour mieux convoquer les anges sur le bûcher de sa résilience... Comme les insignes ténèbres le submergent dans les abysses dont l'ère subvient à toutes sacristies, toutes royautés ; comme antipode de la Sagesse il se ressent Sagesse. Quoique la sagesse lui siée lorsqu'elle peuple ce sentiment de fuite, qu'importent les moyens, mais ce que nous voulons faire croire à cet être de la nuit, avec honnêteté et dévouement, c'est qu'il se fourvoie, qu'il s'illusionne, qu'il s'attente, afin de le ramener dans les codifications immuables, nous le savons gré lorsqu'il acquiesce, prévarique au sommet de son art, nous voulons extirper cet aboli, cet être inverti, ce débauché, ce délogé, qui en même temps nous missionne de l'exorciser du gel et du feu satanistes ; ou de n'importe quel mode de vie normé néfaste, transgressif, insurrectionnel ; car nous avons mis dans sa personnalité les Théorèmes, l'excuse et la faute, les polarités précisément métrées en métaphysiques omnipotentes, nous lui avons dit : « Prends garde ! », nous lui avons dit : « Ce n'est pas exact, ce n'est pas Vrai ! ».

Qu'une culpabilité soit donc la Muse de cet être de la nuit, nul ne s'en étonne. La culpabilité de ne pas paître comme les autres, de ne pas s'abdiquer comme les autres, de ne pas s'être personnalisé selon une masse majoritaire, bien qu'il ait toujours un groupuscule de congénères — le principe est de les déceler, et leur rareté appuie ce fait que rien n'est plus fastidieux de sembler chevillé à un esprit tant par l'aphorisme que par toute la doctrine —, crée une révolte, diffuse, un soupçon à l'égard des codes et des modes structuraux, une paranoïa s'immisce par rapport à toute chose susceptible de bousculer la psyché établie sur des bases décelables, de plus en plus fragiles et illégitimes à mesure de leur réfutation.

J'entraperçois régulièrement ce veilleur de la nuit et j'aimerais qu'il soit tel quel mais lavé de cette culpabilité, en pleine ascension dans la nuit, s'y fusionnant, cette nuit plus artistiquement prolongée jusque son acceptation ; qu'elle laisse place à l'idéalité davantage systématique qui ne se remplit pas mais dont le vide assaille et triture l'être, l'être qui se l'image révélatrice, mais surtout libératrice à mesure qu'il lui voue des sentiments dithyrambiques, éloquents d'honnêteté, faiseurs de l'abandon suprême.

Mon art, ainsi nommé tel que tout doit être enjolivé, et ses mécomptes, poursuivent l'une des trames de la nuit, sans laquelle il m'est impossible d'être totalement en exil, c'est en cela, et uniquement en cela, qu'il m'est permis de me présumer innocent, et de n'avoir pour ainsi dire pas le moindre iota de culpabilité, l'art m'est donc d'emblée une entité angélique, il me permet de suivre mon spectre dans la nuit, d'imprégner mes sens de la déréliction, autre sagesse qui s'accorde à la créativité de ses substrats fondateurs : cette fuite, cette absurdité, cette révolte ; mais déréliction qui pourrait se transformer en une création funeste, pour ne plus avoir les caractéristiques de l'être sensé, doué de logique, métaphysicien de la survie, cette autre possibilité : la possibilité de tous les suicides. Le suicide des sens me semble à bien des égards familier quoique la plus immonde des abnégations, bien qu'il soit réévalué dans certaines circonstances et, à plus forte raison, qu'il soit une nécessité face à ces nuits sans suite qui concluent l'être comme les stèles des tombes. Mes suites c'est l'art qui les trame en enfermant une multitude d'éveils, jusqu'à tant qu'ils deviennent des trêves, des croquis d'innocence et de présomption dans cette nuit d'extirpations coupables…

J'ai entamé ces nuits en parallèle à des lectures, des lectures lésionnelles, qui reflétaient cet obséquieux mensonge, ce mensonge m'était si familier que je devenais un mensonge encore plus élucidé, j'étais décrit et décrypté dans ces agencements de sens de tous lieux et de tous siècles. Les bagnes bleus des villes inamnistiables, le bitume encore très religieux, le soleil de toutes les profanités, tout me semblait enfanté par ce mensonge inamovible, invincible, omnipotent ; et moi, déshonnête, névropathe à l'extrême, en recherche du Graal de la sublimation, mû par le désir d'une exorcisation, je poursuivais avec tout mon soûl l'inaccessibilité. J'étais confronté à l'inhumation des sens, à quelque chose qui me haïssait, qui avait abandonné l'empathie au profit de carnage. La nuit passée je me suis confronté à des formes sans bornes, une blessure révélatoire s'est frayé un chemin dans les interstices de mon être. Aujourd'hui le soleil m'apparaît surpuissant, il s'hyperbolise, il se symbolise au fur et à mesure de ses clartés vengeresses ; celles qui font suer les reflets de la glèbe, de la cendre, de l'ignominie, de tout ce qui horrifie ; et les légions de la nuit n'atteignent plus

41

l'archer diurne qui prépare insidieusement son offensive.

La nuit passée a été si prégnante, a été si précieuse dans les descriptions des symboles, traversant les combes et les cimes, que je plonge dans l'extrême désespoir à la constatation des suivantes aurores, de ce mensonge plus flagrant, saillant ; et je pleure en pensant avoir trouvé une vérité quelconque, celle qui triture les yeux profès de la raison. C'est pourtant maintenant, en écrivant ces encres, que l'apogée de tout ce qui fait mon abnégation semble apparaître, ça brûle, ça intériorise, ça ne se distille pas ; et je suffoque en espérant que la nuit suivante vienne tout de suite embrumer ce monde d'images blessantes, ce monde-théorème dans lequel il vaut mieux s'abdiquer, s'attenter au profit de raisonnables illusions, en séparant l'ivraie des aurores et le bon grain des nuits ; et je désire la floraison de ces nuits ensemencées, ce désir doit être assouvi à l'instant, je rêve de symboles, d'une fuite encore plus insigne, plus d'exil, plus de fièvres apatrides ; nous sommes de ces aurores, nous courrons par-delà sa chute, nous exhaussons ses revendications, mais nous rêvons de nuits qui dissolvent les clartés jusqu'à tant que notre propre écritoire, notre existentialité et notre idéalité, récrivent les substances du vide, le péché originel et les amours élucidées.

La nuit passée je me suis étreint dans le sillage d'une Théophanie qui a suscité en moi les siècles d'agonie, la perte de sens, elle m'a révélé les symboles hermétiques, la transe hypnotique, c'est tout autre histoire, et cette Théophanie était mon double dont les caractéristiques étaient d'autant plus délogées, elle représentait mon corps sorcièrement, lésionnellement, elle s'exprimait avec ma propre voix, en la feutrant par des rythmes incantatoires et diligentés, elle avait l'expression et le maintien de toute mon affection et de toute mon abnégation centuplés, elle avait les yeux imbibés de nuits, de nuits plus absolues que les miennes, et son cœur était balisé d'horizons plus intangibles et inatteignables les uns que les autres ; sa pensée était d'une idéalité inhumaine, sacrale, sa fièvre plus éclatée, plus sienne au-dedans, et moins suppliante. Je l'ai dévisagée, voyant en elle ma destinée, je l'ai blasphémée, voyant en elle ce que je ne voulais pas devenir ; j'ai tenté de l'abolir avec la volonté du désespoir et la complainte de l'égoïsme. Elle a peuplé un temps ma réceptivité, s'est évanouie, s'est évaporée en s'imprégnant dans mon être qui a ressenti un affaiblissement et des chocs de couperet, tout en hallucinant les esquisses sanglantes d'un être davantage torturé, molesté, condamné ; dans l'enfer de son autoportrait exact de traits oxymoroniques. J'ai senti cette nuit avec l'intensité des choses inanimées, le feu intérieur s'est éteint dans un affrontement avec le gel de la révélation, et j'ai de nouveau pleuré et mes larmes ont rouillé ce que mes joues ressentaient, le fer, ma chair était une lame de fer, mes larmes les pluies de visions nocturnes ; et j'ai subi la transe jusqu'à tant que les tempêtes intemporelles se joignent, se fusionnent, se symbolisent, elles n'ont pas éclaté de leur pénombre consolante ; elles n'ont pas retenti pour m'extirper de cette conscience, elles n'ont pas aboli cette entité personnifiant ma chair et mon esprit jusque leurs extrémités et leur réfutabilité.

J'écris ces encres avec la conviction que cette vision est indéfectible, qu'elle est le tocsin qui présage une ère plus ténébreuse, tortueuse ; à mesure que les nuits deviendront plus inabrogeables et plus sensitives, les aurores deviendront plus blessantes et moins amnistiables. Je suis convaincu que je serai disposé indéfiniment dans une dualité où aucun camp ne hissera le drapeau blanc ; davantage de nuits, de fuites, de confrontations avec l'inexpiable, les aurores verront mon esprit amplifié, hyperbolisé, aux traits exorbitants de nuits, elles verront mes yeux les abandonner en tentant de les abolir, injectés des plus abjectes ténèbres, confrontés au non-être, et il leur semblera, il semblera à tout, que mon abnégation ne sera que le fruit d'une sur-expressivité contrainte par l'existentialité de non-être. Je chercherai la déculpabilité dans l'art, cette recherche sera consécutive à la nuit, à la sur-nuit, je la décrirai, je la décrypterai, jusqu'au gouffre, jusqu'à la cime, qu'importe, je serai, je ne mourrai pas, je resterai vivant, j'écrirai les suites de mon être dans une expressivité imbibée des tempêtes nocturnes et des bitumes suburbains ; et même mon non-être se complaira, il s'épanouira dans toutes les nuances de délices cérémonielles.

Je vous écris au sortir de la nuit des substances qui fait saillir l'âme et qui positionne l'être à l'apogée de ce postulat. Je désire un perspectivisme infini de cette nuit devant que d'y voyager, là où les combes s'enfouissent quand la préfiguration des cimes encense le parfum de la volonté, des cimes mues de leur suggestion, de leurs esquisses jalonnées de pourpre et de méthylène, de leurs prémices, de leur irréfutable sentence dans une atmosphère professe ; ensuite de leur mouvance, de leur prédilection, dans les dionysies des sens, pour sentir l'exact armistice de l'être qui plane sur les aléas du non-être, de l'être qui s'éradique comme le sucre d'une absinthe plus noire que l'encre, la brindille d'un feu insurrectionnel, la stance la plus funeste et la plus systématique des dantesques élégies. Je ne connais pas encore ces pays nuitéaux desquels les nuances de la volonté se balisent de danses expérimentales, où la mystique s'enchante d'un dialecte inhumain, en clairaudience ; où la légèreté a la sveltesse sans paradoxe jusqu'à tant que l'aurore reflète un continent sans plus de bacchants que de magie noire. Ces choses de l'être ont une pensée — qui ne peut s'être abolie — et nous nous en sommes tellement imprégnés que ces nuits nous font décrypter leurs dialectes qui, en même temps qu'ils nous apparaissent d'une absolue évidence, s'immiscent dans les dédales de notre existentialité.

Portées tels des vermeils les nuits nous transissent en nous prodiguant l'humaine faillibilité mêlée aux consolations les plus condamnables ; et leur inextinguible cime à rassasier paraît s'exhausser toujours au-delà, pour nous instaurer un fantasme et un déboire illimités. Je désire voir cette cime toujours en ascension au-delà des descriptions, l'art se conjure dans les affabulations sommairement ciselées, diligentées, mutantes de non-sens, savantes d'inculture, circonscrites au bagne de toutes les légendes, idéologisées durant qu'elles submergent la réalité d'un théorème sans mémoire et sans ressentiment. L'âme ressent que la chair est tout et qu'elle est seule à ne plus ressentir à telle enseigne que l'âme devient chair ; et plus qu'une infatuation, elle fait l'apologie de son sang, de sa grandeur, de sa consistance, de son rang. La chair de la nuit a ce pouvoir, ou ce malentendu, d'exercer son emprise sur l'âme. La chair ressent juste que l'âme la ressent. Auquel cas la nuit est ce flambeau archaïque qui désosse la chair inhumée. Elle est à présent si neuve que sa décomposition millénaire paraît le refrain d'omnipotents refrains. Il pourrait bien se faire que je sorte de la nuit par cette éventualité que l'être ait une jauge de conscience déterminée, car dès que l'aurore éclate et que ses échardes s'enfoncent dans l'âme les clartés du non-être s'instillent dans les yeux des choses inanimées ; mus dans la contemplation des tableaux unifiés par leur béance noire.

La nuit m'est un palimpseste par l'entremise d'une vocation indéchiffrable mais dont les composantes se cisèlent analysées encore au-delà : une fièvre plus abrahamique, une multitude plus irrationnelle, une science marquée du Sceau de la nécromancie ; et toutes les autres choses plus visionnaires, intangibles, raréfiées, idéologisées, cimées, reconscientisées. Dans les broussailles de tel paradis intellectuel gît le thyrse nocturne, que nous ne subvocaliserions qu'en maîtres de céans de son symbole délogé, l'égrainant en physique de la poétique, une capitalisation, une maxime des plus concrètes ; une sorte de preuve de nos douleurs matinales et de nos fulgurances vespérales. Mais ces broussailles sont le Dédale et il en vaut qu'elles ne dévoilent que des substrats, des bribes, des bribes d'éloquence et qui plus est des bribes illusionnées. Ce Thyrse gît sans qu'on puisse l'épeler, le mémoriser, car son symbole est une couleuvre : il nous abolirait, s'il n'est pas quelconque c'est qu'il est hors de nous-mêmes. Le temps d'une nuit nous pensons l'effleurer mais nous ne faisons que nous conclure dans l'illusion et nous retournons sans le savoir à nos Messines intérieures où le ciel est plus cendreux qu'une plaine de Vésuve.

Notre paradis intellectuel réprouve cet espace vidé d'une primordialité — il s'y raccorde pourtant par des litanies messeuses qui se déflagrent au globe de l'innommable caducité — du plus loin qu'il puisse se la figurer. Ma nuit me mène à toutes ces absurdités, ces pensées de ciguë et de dictame, ces dérèglements de la compréhension réciproque ; mais l'aurore s'imprègne en moi, il faut que j'aille rêver, il me faut m'évanouir, nous connaissons ce sentiment d'un carnage intérieur, d'un non-sens systématique, au fait de Désenchantement, notre paradis intellectuel le brise et il se brise lui aussi, et nous tentons d'étreindre la nuit comme notre bien-aimée qui nous a montré ses plus mystiques beautés, ses suites alcyoniennes et ses lumières nocturnes. Mon désir est brûlant, le bûcher de la résilience circule dans mes veines, la cime s'évade au-delà pour plus de fièvre, la conscience atteint ses limites, ses théorèmes, l'aurore m'assaille et m'attente, mes fantasmes sont ceux des nuits, improbables et pourtant si décryptés, les perspectives sont infinies, mon âme n'est plus ma chair ; les danses se contorsionnent sur le rythme solennel de la pensée reflétée ; tout me semble étranger à mesure que tout me semble quelconque ; l'Icarie est encore suscitée dans le feu des dragons qui fait office d'une lésion-métastase. La nuit que nous feignons de voir, ou que nous n'estimons pas digne de nous procurer la satiété, délite en quelque chose de si lointain qu'il nous est permis de fantasmer au-delà ; la nuit passée j'ai constaté les bornes de l'exil. Mettons-nous en sursis des nuits qui nous tiraillent de leurs inévitables revanches, au secours de nos temps, et notre enfer personnel prend la dureté de la roche et la couleur d'une omnipotente illusion. Mon enfer personnel est un temple profané par des syllabes infernales ; car je sais à présent ce que je ne suis pas et mon silence hérétique est de clameurs béantes...

Mémoire des ténèbres

Un fantasme capital de naïades et de vahinés embarque tout mon être dans les vaisseaux, je suis en lice vers l'œuvre des ciselures célestes. Si peuplé des cinq-mâts aux remous d'exil, je voile dessus les perles mélancoliques et, quand tout part, que tout se résorbe, la clameur de ma fatigue arrache de majestueuses traînées, périlleuses de l'éden et impressives de l'enfer, emmêlées dans les obsessions neuves et chères au silence. Que puis-je dire aux cathédrales obliques, aux voix radieusement édentées par le sursaut d'exil enflammé ? Que dire dans l'horizon des plaines cosmiques ? Quelle faculté pourrait faire rompre l'épanchement de la nuit sur les berges de l'azur – les miennes si froides et dépeuplées ? L'éternel ne livre pas ses secrets, le mien à m'y perdre dans les étaux tapageurs de l'esprit : je veux pleurer dans l'Après, ô Cadences inopportunes ! Je veux lire l'ivresse dépensée des ciels vers les Nations somnolentes, je veux étreindre les rumeurs tachetées de poésie et de révélation – armé d'une syllabe qui n'a pas d'envers, verrée de remords et de mille rivages, produite pas une langue sans plus de mensonges que de morales.

Ma légende s'assèche. Cependant, loin des inconnus insalubres, recouverts par les yeux habiles de ceux qui s'y jalousent, un bel éclat vient lever ma fange au ciel – les plafonds n'ont plus d'âge, ils agitent leurs astres à me pâlir d'un corps expressif ; ébauchant la vision des vigueurs emportées par la brise, et par les cordes arrachées en des cieux plus vivants. Mon esprit s'éploie en des pousses de baobab, brasillant d'une eau énergique et inhalant les yeux en hécatombes ; et, sans symphonie, il creuse son chant en exordes abyssaux, courtisant l'aubade des nuits en deuil. Plus qu'un colloque d'éternité, d'éternité savante, ma voix est à vendre aux proses, et aux verves terrestres ; et ma pensée est à clouer aux poteaux sélènes. Il n'est plus que cela dans ma mémoire : l'œuvre des ciselures célestes – l'œuvre des ciselures célestes qui fiance le parvis des ténèbres. Je deviens cet adolescent qui se souviens des colères de l'ange lacrymal et qui cisèle son larmier aux alentours des crépuscules sans plus d'étoile que de destinée ; je deviens mon âme adolescente.

Chapitre II

Le verbe et la muse

Vitalement embrasé

Des dialectes fantomatiques intériorisent mille langages et leurs lettres se personnifient dans l'abstrait des rythmes sélènes. La muse est pareille à la primauté vers laquelle on ne peut rien absoudre. De la nuit gisent les arts solennels et les mythes déifiés par les instantes amours ; l'encre irradie les densités de la fièvre, elle les imprègne de nuit comme un or à l'alliance contracte la pureté de l'idéal. Vivre mille ans n'est plus vivre, les légions de l'azur se mêlent au sang et à la chair du vespéral. J'élève mon récital dans celui des déclamations éthérées, par les promesses du sommeil et le châtiment des solitudes jumelles.

Je suis le triomphateur d'un pays de symboles : un pays en rupture continentale, un pays récrit dans le sillon des apologies atemporelles, en extase d'opium et dont la descente suit la courbe du désenchantement. L'aube ne lira pas ce que je lis, les cieux n'inhaleront pas ce que j'inhale, toutes les autres choses ne refléteront pas mes prières profanement commises et impudiquement confiées ; car s'élèvent les syllabes d'incantation, les syllabes qui exaucent l'idéalité de l'amour en antécédence et qui cloîtrent l'être dans sa caducité existentielle.

Il n'est que la muse de l'incréé, l'incréé qui s'esquisse d'encres concourues au vide, la muse s'y enlinceule d'axiomes et de ce qui se peut sacrant. L'œuvre est l'azur qui dans la nuit se déverse faillible, outre que ses vérités ne s'égarent qu'aux êtres du Sépulcre. La muse s'y est confédérée, elle a cillé l'ultime dictame, elle s'est insultée à Dieu au prix des diables innés. Mon exil de science et d'au-delà s'éternise, ce n'est pas tant ciseler l'âme et la mêler au ciel que dénier l'irréversibilité.

Il m'apparaît cette empreinte infuse qui s'enfouit au plus secret d'un être providentiel, un être dans lequel les aléas du terrestre ravivent la mysticité. Providentiel d'absolu : l'absolu de la non-résilience.

L'empreinte que ma muse a exilée est un symbole d'abréaction : séquelle, clameur sépulcrale et ténèbres, Babel éthérée, grêlée, ignée, ciguë idyllique. Je la récris par des syllabes et des axiomes infaillibles, je la mémorise par des religions incessibles de flambeaux et d'ectoplasmes ; et je m'y noie comme un feu qui incise les profondeurs hadales.

Je me retrouve dans les politiques chrétiennes, né d'un chant infernal, baptisé de cime et de néant. Le soleil se converse avec les yeux de grêle, la froideur se ressent avec la chair ignée. Tout descend, tout s'élève, tout s'entremêle dans la dualité des amours sélènes. Ce sont les astres des jadis et des ailleurs vers la nuit conclue au rythme du diurne et des suivantes apologies. Tout se repense, se relie aux sens les plus incessibles, la psyché se contorsionne dans des divinations de plus en plus savantes, elle entrevoit le précipice de l'être... Un abysse marqué d'essences funestes qui souscrit au sceau des dieux.

Les aubes s'entrenuisent à s'espérer dans celle qui offre ses suites, qui harnache l'être en lui faisant ressentir les terreurs continentales, les tourments trop vifs pour qu'ils soient jurés, la déliquescence, la pesanteur de la défunte en fièvre jaillissant des complaintes vespérales. C'est ici que s'instaurent l'enfer de dictame et le Styx chevillé au baptême des sens. Entendrais-je ma muse édénique implorer mon corps que mon âme dissoudrait l'enfer dans lequel je la retranscris ; le châtiment révélé dans l'encre en raison de l'exil.

À peine… quant à la rose subjective

Élinore, ne mourez pas du rêve qui semble parachever les cieux. Quand les soldats reviennent c'est un cœur qui est vôtre, illuné et cerclé d'ensoleillement posthume ; quand je reviens Paris est sentencieuse : vous y dansez, excessive almée – je veux vous adorer. Je ne sais les pans d'argent qui trônent sur vos joues, ces flocons de neige à moi, à moi, que sais-je : à peine… Quand sonnent les poèmes antiques dans vos yeux, ce sont toutes les dianes d'absinthe du monde qui vous pleurent. Immense comme une mer : s'en aller vers l'automne, saison poussée par les bises des fleurs dédorées. Ce n'est pas un soleil aux noces de votre enfance : c'est un écho qui remplit vos yeux, à peine…

Quand les soldats reviennent c'est un cœur qui est vôtre. Quand la musique poudreuse s'élance dans les tranchées, c'est un cœur qui vous aime, à peine… Élinore des amours passagères. Aux meurtres capitaux je pense à Paris que l'automne foule de ses doigts en orgues, et toutes les cloches qui portent votre nom : Élinore au vent des maux guerriers. Quand je passe tout près d'une âme exilée, ce sont des yeux qui sont vôtres, vous y dansez sans pénombre et sans tristesse, c'est le vaudeville d'un ange exilé. Que sais-je si le rêve du ciel est le miroir de votre visage, et s'il arbore mes aveux comme l'hélianthe absorbe ciels et soleils.

Je vais mourir, ma mort est vôtre, je veux vous retrouver – mais vous retrouver, à peine… Les feuilles passent, le son des cloches suit leurs inflexions, je vais mourir ; qu'importe et que sais-je… Mon mal est de vous aimer : mon mal est de mourir sans de vous un pardon. L'automne souffle les crépusculaires amours, les cœurs qui s'aiment.

Quand les soldats reviennent c'est un cœur qui est vôtre, à peine…

Révérence édénique

Ses yeux de l'idée sont l'oraison qu'incisent l'espoir et le désespoir. Ma poétique est de les dévêtir et de les revêtir ; sacramentels, luxueux et puissants, marées d'un soleil séquentiel — dès lors s'ils gisent étampés dans ma mémoire, mémoire d'amen, sans céleste et sans luttes terrestres. La nuit est en leur clarté, mirador éthylique des bars chevillés à l'âme. L'azur est en leur sépulcre, mnésique de leurs songes d'absinthe noire et songes d'opale filée. Mais ce n'est pas madone au pays d'un pleureur. Ils sont une entité absconse déserts de discours et d'apparence nette. Ils sont présentement littéraires car le voile d'une invention me les offre aveugles, et l'encre les substitue conscientisés.

Beauté sans regard. Beauté des cimes... Je ne sais plus laquelle m'avouer, quelle conciliation, quel art métrique, quelle facture ampoulément inventoriée… Celle qui filera au sein de mes deuils, celle qui me fera oublier les abysses charnels et spirituels ; ou celle qui me fera mêlé à une clameur sienne et mienne. Cela se pense. Cela se chante. Cela se fait philosophie de l'humaine opale. Ses yeux sont un langage matériel maillé d'un trop plein d'exode funéraire. Flux et reflux. Cause et effet. Espoir et Dieu. Vigueur et abandon. D'amour et de haine. Cela s'embrase du mystère. Cela se grêle du non-être du mystère. La raison et le mystique. L'épaisse illusion, la frêle vérité. Cela s'enlise, cela se noie ; tout renaît.

Il est un tourment qu'un fantasme magnifie en quelque chose de vital en leur abysse. Il est inhérent à la recherche de leurs tréfonds. Comme un chant infernal qui déploie les valses religieuses. Comme un vœu impérial. Ses yeux sont-ils ceux des Blessées… Ou serait-il qu'ils exercent leur puissance gnostique d'un magnétisme de litige et de contorsions. Comme une atmosphère vénusienne.

Peut-être que ses yeux songent à quelque chose de plus impressif, de plus haut et de plus dense qu'eux-mêmes. Que ses yeux en aparté ne sillonnent plus les dieux ou l'ère mielleuse et laudative mais s'imagent auprès d'un être plus espéré, dont l'éloquence serait celle des exils et celle des floraisons poétiques. Je sens que cette espérance n'est pas dissociée de ce tourment. Elle lui est de connivence. Quelque chose à repenser, quelque chose à rattraper ; à élucider, voire à imaginer.

Je suis le substrat de sa légende. Je suis peut-être sa renaissance. Je suis peut-être son graal et je suis peut-être réel. Le jour, ses yeux songent : ils m'exécutent de mon impuissance ; ils s'égrènent de mysticisme, posés dans le rouage psychique de blessures et de guérisons, de fantasmes et d'accomplissements, de diables et de diables. Ils cillent la nuit : ils s'élèvent symphoniques dans l'attente d'une renaissance ; muse absinthine de leur imaginaire.

Amours — tels des Proust somnambules

La vénération du mal-être strangulé dans l'étau de la psychose, à nous y complaire en serment de l'œuvre, nous fit comme cendres de ses substrats — presque en une dissection de notre âme païenne vers notre chair sacramentelle. Ce désespoir, que nous eussions bien fait de parjurer au cœur de nos églogues (bien qu'avant cela, et à force de le concréter, il nous eût semblé de communes et d'impudiques Expressions…) ; d'aucuns ne le surent d'aimances si fortes pour l'y combler d'une plénitude artistique : notre ciel que fluèrent mainte mysticité et maints mythes ; et de ce fait quelque chose de plus solennel fussent-ils l'adjuration de quelque chose de plus religieux…

Ce tourment nous imprégnait, tel que nous nous y plongions avec ce rêve dont les aspects et symboles bibliques baptisaient notre inspiration : historiée de profanations telle qu'elle nous subjuguait tant par son abstraction que par son éloquence en lesquelles nous composions la fiction : je doutai que ce mal-être nous l'eût prodiguée lorsque nous vîmes l'idiome, la bassesse d'esprit, la critique candide, la notion pure, la dénégation de la concrétude, et la contrition de l'esprit consécutive aux troubles malgré tout enchanteurs et d'enchantement ; tels que nous fûmes en proie au contrôle de son or par son fer ; quelque folie des Cieux à concréter.

Je crus d'abord qu'une quelconque espérance précisât les abysses, formulant de cette manière d'autres espérances par surcroît rares et inestimables ; elles n'en demeurèrent pas moins affligeantes. Lorsque, transis par cette blessure moins consolatoire que destructrice, nous nous revêtîmes de nos plus grandes beautés, nous fîmes bonne figure et vendîmes notre âme pour une multitude de carcans tous honorés dès notre dévotion ; d'aucuns ne la surent chevillée à tel Dieu ou à telle mysticité.

Soudainement, nous pensâmes les rouages qui firent notre débâcle – codifiés, sans substances, faillibles à notre justice et à nos prêtres. La destinée nous la convoquâmes pour fabuler ce qui semblait nous estimer en deçà d'un passé commémorable : une somnolence en deux corps dévastés... D'aucuns n'y trouvèrent mainte appartenance à une santé chancelante, mais ils surent juger à bon escient qu'une maladie eût peuplé deux âmes qui, elles-mêmes, la surent bien ciselée au plus profond de l'être.

Meurtris à perdre les sens du deuxième commandement, mais chastes et dépolis de rumeurs, nous eûmes cette essence, bien que nul n'eût pu la sonder... en nous divinisant l'un et l'autre d'un amour platonique. — À présent, nous élever où tout s'honore et où tous s'emploient à l'exil des amours infâmes d'être guerrières...

Cet exil mystique paraît si fortuit que l'on se voûte en ses sillons avec pour unique complainte : ne jamais s'en extirper, et pour Idéal ! S'attrister vers ce qui nous honore par concupiscence. L'on m'a trop conversé notre souffrance, et je devine qu'elle ne porte plus sur la négation : mais bien sur l'envie sans cesse renouvelée d'un Père et d'une ascèse : cette ascèse est sans morale, sans explicités ; mais elle traverse tous les sens et tous les rêves, la pudeur et les afflictions.

Elle se veut spectrale, maudite, même martyre, avec la dissolution inhérente à sa bien-tenue, et dissociée de toutes interprétations. Je me peux factieux, tu le peux cet obscur qu'une douceur recouvre ; nous nous pouvons dissociables et associés pulsionnellement, nous nous savons tombés de quelque éden, éventrés de syllabes pleines de sépulcres et d'irréligiosité, et ciel ! Que j'exècre juges et profanes à mutiler les bienséances qui ne savent me considérer.

Ensuite, une Sphère que nul ne peut ignorer : toi : l'objectivité divine... Pour que notre œuvre soit maîtrisée il lui faut le regard suprême pour l'intenter, nul juge terrestre, aucun exégète ; mais la misère et le luxe hautains de tout littérateur aux dévers du globe.

Devineresse à la sentence plus asphyxiée : tu crus fièrement te parer d'une beauté surnaturelle, et je crus pudiquement que seul mon esprit pouvait l'y combler d'une pulsion pour qu'elle s'affirmât ; hélas : je ne fis que spéculer sur mes rêves pleins de mièvre prétention ; mais qu'elle soit à n'en plus la sonder l'architecture du démiurge et de l'ascèse.

L'enfer c'est le centuple des principes dans lesquels repose notre Percevoir. Si tu t'avoues sans te complaire dans ta plus rare tristesse c'est que tu n'as pas encore assez l'idée dans tes blessures : ton corps est d'une couleur d'exil et ton âme se fusionne à la mienne. La larme qui se fait deuil et le rire qui se fait résilience sont distincts de la pensée mystique : ce sont ces choses-là qui nous font nous exhaler sans que nous le sachions vers une chose d'autant plus concrète.

Les ténèbres sont les lois les plus prégnantes – je veux dire qu'elles haranguent à nos Légions, ces Légions du pur et des clartés –, éclaircissant l'esprit sans que jamais celui-ci ne s'imprègne à ses plus secrètes impudeurs ! Tu le sais qu'il demeure ce périple que chacun voit mais n'arbore qu'aux dédales de ce qui forme la jouissance, la fortune et la félicité

Anastalise ; ou le constat du doute

Je veux bien admettre que ma muse ne m'ait jamais aimé, peut-être, mais elle a admiré ma poésie. Le fil épicurien ne fait qu'extrapoler ce genre de supposition, je ne peux me fier à rien : ni à quoique que ce soit d'un tant soit peu concret (filandreuse), ni à quoi que ce soit d'un tant soit peu abstrait (épiscopale) ; à rien… Les zéros sylleptiques. Deux opales désireuses : flexion. Commissures de l'âge pures : précédences. Taille d'arabesque : mémorisation. Sonorité intellective : cils parisiens. Symphonie des ellipses replissées. Gargouille de l'absinthe : sucre honoré. Orteils de séraphine. Ventre de l'immobilité : océanide. Mains de la primordialité : récriture. A-poème : non-sens. Aimer une artiste : Idée. Là : violettes auras dans l'esprit, l'abysse des limpidités. Poète. Léonine. Ciselure franche. Baudelairienne : sensualité. Jambes des mousses : cirrus des glèbes. Yeux moraux. Yeux de muse. Yeux de poète. Bleuité morale. Panique cérébrale, torsion vertébrale. Fiasco fusionnel : platonique. Exploration de l'incréé. Délices célestielles. Arc-en-cielisation du rose : alpha. Du bleu : oméga. Mélange : apothéose, Odyssée, extase. Connectivités de la peau : poils de la féminité ; de-ci de-là. Syllepse du zéro.

Deux mille treize. Le Zéro m'assaille. Rosier parisien. Vertèbre se voyant supporter sa vertèbre. Penseur se pensant penser. *Voir*.

Rimbaud et Verlaine. Embrasement des cercles de la Seine. Transmutation. L'illumination. Le rêve parisien. Le rêve d'Auteur. Le rêve de l'Idée. Absinthines lueurs précédant et succédant le grand Zéro. C'est l'Arcane. J'imaginais le caveau, l'épitaphe : ci-gisent deux poètes. Tatouage réciproque : Ad Vitam Aeternam. Sur l'avant bras. Je l'ai, là, en spirales un rosier encercle les lettres calligraphiées dix-neuvième, avec des scories lucidement éparses, rouge-funéral et dont la solennité contraste sensiblement avec ma mélancolie injectée en mes yeux en lice de réminiscences, glauques servitudes. Et juste inférieurement à cette idylle latine, un prénom en lettres bleu-nuit expressives de quelques pétales épars : Anastalise. Je le tâte, j'intériorise d'autres nuances, d'autres calligraphies. Le rosier alentour s'étend sur quelques centimètres, Dédale. Le tatouage commence à subir les prémices de l'anéantissement. Des deux extrémités les veines semblent vouloir fuir du A et du M, et du A et du E. Comme des vers qui infirment leur infini diminutif. Elles divulguent. Ma main droite. Celle qui a brandi la rose scénique. Celle amoureuse. Celle écrivain. Celle sexuelle. Celle combative. Celle des paroles gestuelles. Celle livresque. Celle présentement. Celle chirurgienne. Main mémorisée. La mémoire scripturaire. La mémoire sensuelle. La mémoire de l'espoir. La mémoire d'un heureux malentendu. Fille de la poésie. Il me reste ceci : l'avant-bras lettré et mes veines à exfolier : *vitam...* Nous étions les vocables de l'avènement. L'export d'un ciel aux lèvres de gorges chromatiques. Bacchant qui interjette son droit de bacchanale, précédence.

La baudelairienne

Elle imite un air d'automne en faussant l'univers entier de khôl et de suprématie artiste. Elle se découvre des sens renouvelés dont l'artificialité suppose quelque chose de plus enfoui et similaire à ce qui semble être une création, une sur-existence, une pré-existence rajoutée. Elle s'y recherche. Elle y trouve des ébauches. De petites bribes instinctives. Mais elle cherche. L'automne transparaît. Il devient son entité propre. Elle s'en imprègne...

Elle valse dès lors que tous ses déboires la possèdent, son sourire a l'incarnation du réflexe et de la mélancolie sauvage. Mais elle s'exerce. Elle tente des approches d'existentialité. Elle meurt par petits éléments décelés. Elle s'additionne à la valse. Tous ses mots se contorsionnent et se fusionnent. De brèves Égypte s'échappent de son idée. Des mots sertis de cinabre se mêlent et dans sa chair et dans son extrême atmosphère résorbé d'exil et de transe. Quand elle pleure elle fait écho. Je perçois cet écho jusqu'à son infime intensité. Jusqu'aux cimes grecques je pense au mot pensé de la larme, je recherche une victoire réciproque. Bien que la victoire de l'être ne présage que la victoire du néant, je suis le victorieux infailliblement extrême. Pour être... elle n'est plus, ou elle n'est plus qu'elle-même. Elle se mystifie, s'intériorise, se décèle. Sa chute est son élévation. Son spleen est un entre-deux, un vieil élément enseveli et remémoré par des milliers de hasards indomptés et indomptables. Sa civilisation est une civilisation avouée bien que meurtrie et horrifique. Mais elle chante. Au royaume des aveugles, les borgnes sont rois, mais elle semble avoir des miracles sonores et monstrueux, de ceux qui concluent les délices humaines dans les couleurs bibliques et les légendes continentales, sans plus de résistance que de morale. C'est en cela qu'elle suggère.

Je l'amplifie. Je la métastase. Je la retravaille à devenir moi. Elle devient une thébaïde, un temple et une possibilité pour ensuite devenir une idée, le substrat de mon intime légende, la semence de mon quelque-part psychique. Elle valse indolore et vespérale en imitant un air d'automne empreint de beauté et de sacerdoce. Elle crée de l'incréé : elle me crée. Elle provoque les prémices d'une pluralité. Elle fait fusionner le sens et le sensible. Tous les encens du monde entre-aperçoivent son enfer et son paradis personnels, la Seigneuriale fuit l'hiver au gré des mouvements défaits de toutes les Correspondances, elle est absolument elle-même... Exacte plutôt qu'absolument elle-même.

Chapitre III
Réminiscences, amnésie et confusion

Inexorablement quand la folie est littéraire

Par la rêverie claustrale de la Poétique je veux conquérir l'absolu : cette Empreinte est identitaire, ontologique, solennelle, moderne et antique, et surtout dissociée de la barbarie ; utopique et sans allégeances, par un tropisme inhérent à l'être, etc., qui mène, peut-être, aux dédales de la fortune – mais une fortune plus salutaire, intangible et presque insondable – ; inhalant la chair comme l'âme tant par son éloquence que par ses aphorismes dimensionnels. Cette fortune se traduit par un relèvement des sensations et par des transcendances juxtaposées qui soutirent du ciel un cadastre de rayonnement, créant l'extatique de l'art.

Découvrir l'incréé des sens, tout en sertissant le vide de créations de hasard, voilà une apparence que je veux transmuer, pour combler mes insuffisances et mes remords, mes angoisses de décadent ; je veux être baptisé par les flammes et ainsi m'insurger contre la déliquescence et la morbidité : qu'une liberté soit donc une philosophie du feu ! Je veux l'apparat des anges dans mes yeux : un verbe étrange et univoquement ciselé vers la mysticité, mais je ne veux plus de croix funéraires, mais un paysage vénéré, licencieux, dont les images transissent et fluctuent au gré de ma mentalité.

– Mon âme n'est pas mon âme, et l'axiologie qui la pervertira sera le phénix de tout être qui se lamente, se flagelle, s'intériorise ; mais comme il s'épanouit ! Comme il erre vers le mystique aux aléas du terrestre !... Je veux la magie littéraire embrasée en essence picturale, détonante, que ce soit par l'enfer ou par la fougue angélique, par les gouffres ou par les cimes. J'aime l'explicité d'un langage secret, car celui-ci porte sur tous les mystères de la vie et sur le sens que nous nous en faisons, escorté par la diligence céleste d'un oracle qui lui-même est abscons. Le poète supplante la lucidité : la luciditémaniaque. En même temps il se dédore de la société. Une fois que ses vers sont démasqués (débauchés), il se sent comme impersonnel, il se sent comme dépucelé ; car il est dépourvu de la marge savante de mystère qui existe entre lui et le lecteur. Il voit son œuvre menacée par des interprétations souffreteuses sitôt qu'il rêve d'un perspectivisme infini : comme l'homme qui regarde une vague qui roule et dont les ressacs la rendent esclave d'une infinité de mouvements, son contemplateur a des possibilités aiguës d'oppressions ravageuses que la folie tente d'enfouir dans l'être le plus suprême, un être fait de consolation, donc un être de surcroît providentiel. Un poème compris est un poème atrophié, car tout ce qui est modéré n'appartient plus ou moins pas à la littérature (tant soit peu !) ; c'est en tout lieu mon chemin, c'est mon nouveau Salomon, c'est une certaine profession de foi, que j'entame trismégiste… Se marier à la folie tend vers l'immodération, un engagement sacrificiel, luxueux, par un prétexte péremptoire – mais il faut que la folie mange la misère pour laisser place à quelque luxe immaculé –, il y a souvent maintes choses pathétiques et froides et tristes dans la folie, mais maintes choses lui sont redevables.

Les nerfs qui bouillent, le corps et l'âme en transe... pour ne plus se sentir défunt d'une fièvre universelle, et ainsi se soigner des hypocrites rancœurs et de la dégueulasserie de l'inertie, comme cette didactique en approvisionnement de la bêtise humaine, apprêtée, et qu'un trop plein de snobisme bénira. La folie n'est pas serf de la société : la folie est baptisée par la société et pour la société ; elle s'arbore donc en substrats et emmène vers l'extatique. La capacité – qui pourrait paraître obsolète – à peindre l'Inachèvement est un miracle qui englue toutes les expériences de la vie, et celui qui risque sa vie pour les lettres incarne ces expériences. J'aime ce poète qui s'est incarné dans les complaintes de vespéralité et dans le mutisme maladif ; car celui qui crée son chemin est plus fort que celui qui décrée son Odyssée. Le suicide livresque claustre l'ombilic du poète : il le condense, le simplifie, le libère et l'exulte pour le rendre abordable, il aiguise sa lame ; enflamme son enfer et lustre son paradis. L'excuse littéraire est toujours l'ombre réfléchie d'une nécessité, l'excuse est exprimée par des mots qui sont des instruments de la raison, il n'est donc nulle excuse pour la folie littéraire ; ce qui constitue l'inéluctable oppression dont le poète n'est que le témoin.

Fleur mallarméenne — en guise d'exégèse

Adjoindre l'inachèvement aux perceptions, faire suer la fleur. Les vœux s'imprègnent en quelque chose qui n'a pas de bout : mes dimensions sensuelles sont consubstantielles à mes dimensions sépulcrales, l'association qui leur apparaît en porte-à-faux n'en est pas moins l'incantatrice d'une pulsion d'art, de l'irrésolu de la vie et de l'existence de l'être. Si même une infime particule de strophe pouvait se nommer, elle ne dévoilerait pas ses substrats fondateurs, le poète les a dynamités, chastes, les a interloqués ; que ce soit par les victuailles du rêve et des géomancies, par les oracles de l'enfer et les restes du paradis ; l'incantation et les révélations consécutives déchastent leur vide dès la gageure de l'être qui se nomme et dès qu'en lui-même le sens se circule, dans sa tour d'ivoire à se fantasmer d'objectivité divine. Ainsi les encres qui s'entrechoquent s'insinuent d'âme et vrillent de chair, et l'intellect qui les débauche simule de manière profane cette induction.

L'image fluctue au gré de tel poète — illusion du suprême ; prosopopée aux mirages. Des éveils au gré des courbes sélènes – sommeils du Sisyphe. Sans liesse pour structurer l'image d'un noyau porteur de ce qui représente la didactique des larmes, la didactique des joies, la didactique du mystique ; cette image de sur-sens qui se transcende, relue comme absconse, est un segment entre cime et gouffre, maléfice et angélisme, hypermnésie tarie d'alcool et chair des dieux au gré de convulsion lacrymale ; et le pur qui la décèlera, axiome, sera prétendument contenu dans l'essence la moins apocryphe.

Un livre de poèmes sous-entend un exil, solennité déchue qui cherche où poser ses axiomes, êtres de fer qui cherchent l'Ophir, réponses facultatives de la vie facultative. Tout s'espère, se repense et se remodèle selon des teintes plus démontrables. Les jalons du ciel rappellent l'être d'ores et déjà incréé, et dont l'équivoque représente la dualité de tous millénaires. Prosateur de science et d'au-delà, il se crée une chair fermentescible. Il se crée une âme d'Adonis et d'Eschyle au théâtre scénarisé de lamentations et de génuflexions. Plus qu'un cœur qui s'élève igné, il repositionne les veines et leur injecte de la mémoire. Celui-là rêve d'un fléau psychique, d'une incarnation métaphysique, de lettres exponentielles ; dans son absurdité conclue de rites et d'oracles, de chair triste, entre méandre et pays de cendres et d'atomes.

Les religiosités s'en mêlent, sentiments incurables. Il les apprivoise de profanations vertueuses, de confessions endiablées, de péchés sacramentels. Tout devient l'angoisse intemporelle : la construction du Sur-genre. Il palabre par principe, il crée par omniscience. Il vit par le feu, il meurt par ses représentations. Les jours fastes, il implore les étoiles. Les nuits, il tente de nommer le soleil.

Sa supplique est d'orfèvre lorsqu'elle châtie les dieux au prix de leurs diables innés. Il attend le fouet, se prémédite martyr, jurant, jurant toujours plus haut. Il est l'ode du grand art. Le maudit dont la pénitence est le comble du sarcasme et dont la vertu se dynamite en rejet de pestilence. Il est la proie du suicide et de l'art reliés par l'absurde qui croît, qui croît si superbement qu'il en devient l'archétype de plus en plus saillant à mesure que sa petitesse lui fait sentir le fardeau de l'œuvre irréalisable. Il capitule madone, se lamente en égrainant sa clameur infuse dans l'idéalité, se pastiche de n'être qu'inéloquent, se pense en se résolvant par l'entremise d'un vide dont les remparts sont les conclusions.

Le spleen des lettres
Qu'un hermétisme ébène dynamite

L'aggravation de mon génie spirite se circule dans l'influx de la fièvre consubstantielle à des vétilles métaphysiques, normées solennelles dans le seul « symposium » qu'est mon entendement peuplé de voix toutes plus infuses les unes que les autres ; les démons métaphysiciens, les monologues de l'être qui ne peut les induire à la tautologie, les survivances, les glaces étrangères, les caldeiras emmêlées de syllabes opale, et la folie, la folie dilatoire que tisonne l'espoir mû d'évasion, d'exil, d'extase, de fantasme, de complainte ; jusque l'apoplexie... Mémoire chrétienne, Chair de la psychose, couleur d'apôtre, plasme de synesthésie, hypermnésie des noires — sépulcrales —, vermeilles — ménades invoquées — ; bagnard de la lyre, me fantasmant Marsyas, satyre d'un pays de symboles

; je me largue comme conscrit dans une région intra-abyssale, prêtre cimé de diables innés, exorcisé dans des reliquats posthumes, enfreint de luxe en raison d'une misère innommée, Adonis rhéteur des amours congédiées, récusé des ténèbres au fil d'une écritoire raréfiée.

Le flambeau des rêves gît par les encres condamnables que l'azur invertit de summum structural, et que la nuit balafre de mariales inflexions ; l'une, ci-gît des fécondités latentes, l'autre, ci-gît des esquisses qui lapent les eaux du Styx ; et le larmier de l'enfer corrobore leur inépuisable vigueur ; vigueur de la psyché de l'à-pic, du juste refrain époumoné, de dieu que métaphorisent toutes sortes de lices, lices messeuses, ciselées de remords et d'exil, contorsionnées nuits ou jours de telle façon qu'elles sont soit débauchées, vérifiables, sensibles ; soit — cent coudées par-dedans, royal augure — mutiquement expectées, fossées, exaucées d'oubli ; ou mieux, chastes d'ignorance. Ainsi cette dualité, ou plutôt cette polarité, enserre les vocables, vocables d'un désenchantement où le sens demeure sur le fil d'extirpations. Extirpé de la gnose, consécutive aux visions et à cette lésion perpétuelle ; pour qu'ensuite adviennent les clartés défaillantes, plus désespérées que désespérantes, et qui litanisent le marasme de tout ce qui est conflictuel, irrespirable, prosaïque, à-coups d'axiomes bien qu'ils régissent des êtres dont la lucidité se chine sacrale.

Extirpé de la Chair, esseulement des réalités et des révoltes diffuses, ce qui conditionne de sentir les rayons de soleil comme les rayons du soleil, la beauté de soleil comme la beauté du soleil ; le Sceau psychique qui me conclut est celui qui ne demeure ni de gouffre ni de cime, ni de gel ni de feu, ni de mal ni de bien, ni de pauvreté ni de richesse ; il enserre l'aggravation et par celle-ci me conclut dans un maelstrom d'idées profanes et d'idéal docte ; et se poursuit le constat perpétuel de les transfuser dans l'infini doublé de gageure.

Lésions des ciels

Les hommes amatis et rompus par l'abandon escortent les dérobements célestes… souffreteux ; et leurs œuvres, putréfiées d'extatiques fléaux, dédorent l'écoulement de l'aube. Ils errent dans la vindicte. Le Phébus de leur innocence est tel que l'innocence est perchée aux Trouvères ; et qu'elle n'importe plus pour ceux qui se pâment des nuits modernes. Ils craignent les oralités mystiques. Lors, il leur faut oublier la masse indigo qui fait planer leur soleil mort, et les affres diluviennes de la concupiscence, les blessures rythmées tour à tour de deuils et de spasmes bestiaux – il leur faut la concorde du surhomme ravageur et délassé, quelque tiédeur pacifique, la tendresse féminine en linceul posée à leur front –, s'ensuit : il leur faut la certitude échouée au cœur des affections sérieuses, éventrées par les coulures si terrestrement froides. Mais les horreurs aux souterrains

ne se prêtent pas aux visions opalines d'orgueilleus
es sérénités : le camée et l'épitaphe éternels de la d
échéance…

À bord d'un livre où les bassesses sont aussi purifiantes que les fjords norvégiens : à bord des luxures, des débauches suburbaines, des agonies estampées dans des regards bien trop lus ; les entités de chair se pendent aux cimes de révulsions neuves, et, mille fois astreintes à déglutir leurs déboires, controuvent le fait que le mal, bien qu'il fût jadis passager, est un voyage inhérent aux hommes. D'un prétexte enchanteur, ressenti dans tous les pores, ces poètes unissent leurs verves dispendieuses – c'est au prix de l'orage natal que l'on a souvenir des voix chères, éventrées en maintes saisons ; refleurissant le jour où le mal est perpétré, et se fanant le jour où le bien est débauché…

Que leur spiritualité soit renouvelée, et que les exordes de sagesse puisent l'inspiration dans les eaux bibliques, dans les ésotérismes douteux, tout cela paraît la ristourne de l'âme au détriment du corps ; tous veulent se jeter sur l'approximation d'un pouls ralenti et d'une migraine suintant des réminiscences…

Le thanatos les ravage ! Et, dans leur kief tout craché, les ombres courtisent la liberté comme l'astre courtise l'océan – à perdre les écumes des premières noces, à perdre la gravure des mnésiques légendes, à perdre le sommeil des dactyles et des ultimes contemplations et à perdre ces rêveries que l'on instruit à celles du mouroir. Voilà que dans leur taudis ils cherchent quelque thébaïde. Les irréalités sont les nouveaux paysages par lesquels ils reconçoivent leurs strophes.

Certains font naufrage, d'autres mêlent leur verve loin des aurores khmères aux meurtres capitaux. Le ciel s'éclaircit dans les steppes de l'esprit – les réconforts adviennent inopportunément ; ne sont-ce pas là des chimères aux couleurs anxiogènes ? Ne sont-ce pas là des fresques illisibles à faire pâlir au soleil ? Ne sont-ce pas là des repos cosmiques pareils à ceux que l'on demande aux questions terre stres ?

Ils cherchent la richesse sans colère, et leurs larmes brusquent le puits de la pauvreté. Cyniquement, ils trouvent le labeur de quelque stupide bourreau ; et les carmes et carmélites   les font martyrs et rois de l'existence, sur l'hiver à étreindre. Leur devoir d'irréalité : se trompent-ils de soupirs ? S'abreuvent-ils dans des flots tant féériques à farder leurs lèvres surnaturelles ? Et, de crédulités, se font-ils justiciers des brumes, de ces brumes que l'on retrouve dans des pays plus intangibles que leur âme ? Est-il loisible l'épanouissement d'exécrer les ormes de Chine au ciel comme des perles morales ? Parfois, ils se pensent inventeurs, ciseleurs et dompteurs des voix qui les regrettent ; arriérées d'adieux immobiles, d'ivresses funèbres et de souvenirs défaillants.

Ils sont macabres, avec leur squelette psychotique :
le triomphe de la désespérance inonde mille cœurs
pour ne rouiller qu'un dialecte.

Innommable objectivité divine

Je n'eus plus de voix pour converser avec l'hydrolat et les flammes, et pas davantage avec mon enfance à ces bleus des célestes – le soleil me vit avec les yeux de l'âme. Je pouvais imaginer toutes formes, toutes ciselures, toutes Ondes, toues opalines ; je pouvais parler mille langues aux cénacles de mille mondes, boire les braises d'amours hypocrites : je pouvais faire mûrir les traits de mon visage par des souffrances renouvelées. Les sensations ignées me revinrent : elles me convièrent à sourire au soleil pour le converser avec les yeux de l'enfance…

Quand fut princière ma mémoire et qu'il ne fut que l'exil – étranger à l'Oracle, aux Noces, à l'Occident, à l'Azur, et puis aux Amours langagières, aux Songes –, j'eus en reviviscence la chaleur des théologies nouvelles… Si le monde me fut renseigné ? Vers un théâtre d'abstractions idéelles, savant, entouré de la réalité tel qu'il se défit de sa substance ; et j'ouvris la puissance des sens relégués au statut de divins. Je fus entre cimes et ciel. Je lus le triomphe de l'Absolution, tel : survenu en solstice de la folie. Je connus l'archipel des exilés : mélange de soleils rares, providentiels, altruistes ; et de fables bibliques triomphant dans les ciels telles des oriflammes — et le primat des sens invoqués univoquement vers quelque entreprise séraphique – ; le fleuve vespéral s'enfuma de la Mystique et les piliers de mon cœur furent bâtis au larmier de l'enfer. Nuitamment, tout devint lacrymal : je n'eus plus le sourire renseigné au soleil. Par le céleste, j'invitai les dieux et leurs diables innés à conclure mes ténèbres, avec le sens des choses innommées…

Triomphe inaccessible

Une bribe d'étoiles s'exile. Les clartés savantes du fanal lunaire éventrent la mêlée de ténèbres, et tout résonne les blancheurs retombées comme des rideaux. Le paysage s'exhale. Nous écoutons un ange dans les chrysanthèmes déployant les mystiqueries de la néo-géomancie par la foudre d'un Érèbe — que l'incroyance elle seule pourrait étioler. Des cohortes terrestres, des chandelles inanimées ; la sacristie plus vivante qu'hier : nous clamons les bienfaits de nos déraisons dont les exordes de concorde nous transissent. Et puis Dieu vient s'en mêler avec l'impudeur des grandes exclamations — un naufrage d'idéal, une puissance lyrique renouvelée, une rhapsodie intérieure, un cénacle de blessures…

Nous voyons les apparats de la gent angélique couvrir l'azur continental d'opalines et de majestueuses mysticités que seul un svelte néant pouvait tarir. Nos bréviaires tachetés de bruine inventent une morale surnaturelle ; mais nous sommes-nous trompés de vision ? C'est demain que sonnent la flamme et la douleur. Nous avons créé une chair, une voix, des millions de syllabes vers le ciel, des dialectes d'archipel lointain ; mais nous demanderons la confesse lors des entrées éternelles : car le divin n'est pas justice… En génuflexions, nous demanderons pardon : pardon de notre dévouement, pardon d'avoir étreint les cantiques ; cependant, nous serons réels, réels d'avoir vécu, réels de nous être soumis aux empreintes divines, rongés par le remords d'un triomphe inaccessible.

C'est un triomphe inaccessible, voilà ce que titre le ciel en guise d'épilogue ; et la bribe d'étoiles s'exile dans des cieux plus rêvassés ; d'autres terres à fleurer, un mystère à appesantir, des sonorités de messe veuves et chères aux cœurs dévoués : une sphère confortable en laquelle jamais ne plus nous châtier.

Ni décadents, ni rois du silence

Nous préférons nous convaincre que nous ne sommes ni décadents, ni rois du silence. Nous avons le futur dans nos cortex bien ficelés et notre présent sédentaire.

Jadis, nous dépérîmes, des milliers d'azurs dans nos parvis, à accidenter la croyance vers des yeux prompts quant au refus intemporel. Nous fûmes épris par la nature, par le paroxysme des mots aux couleurs d'exodes et de délices, par la religiosité au goût soit de trop de dévotions, soit de trop de hantises – pour que les dieux s'étiolent jusque nos yeux. Nous eûmes des rêves lancés par des frondes mystiques, d'autres contrées, aux rivières de pierres opalines ; même, nous crûmes un cauchemar à l'ambition de nous faire chavirer – ; un passable exégète aux tempêtes repues, dont la vieillesse orgueilleuse suspendait notre jeune écriture aux inflexions des ciels…

L'air manquait, il nous fallut imaginer des paysages par ceux trop pensés, en balançant les feux de nos perceptions dans les âmes en somnolence.

La solitude, souvent, dans notre Walden, masquait quelques souffrances moins perceptibles ; comme la considération du Père qui influençait notre exil philosophique ; et toute la rareté de tourments inachevables – nos Zarathoustra furent ceux des hécatombes inachevées, notre prophétie fut un paradigme posthume.

Nous vîmes certains transformer la réalité, nous ne la fîmes parfois pas plus vraie, et, aux étranges pâleurs, elle eut souvent la saveur des gouffres trop précieux ; mais, nous eûmes la certitude qu'à travers nos pensées ruisselaient des syllabes brutes, sauvages, instinctives ; faisant vaciller les ténèbres vers des lumières révélatrices. De majestueuses tombées emmêlèrent les vieux échos en nos chairs, et, plus qu'un silence triomphal, nous enceignîmes quelque clameur au sein des vides grêlés – des vides grêlés de chants terrifiques.

C'est ainsi que nous allons... De par la couleur arriérée de mainte nuit, nous convoitons l'idéal d'une couleur plus inachevée ; mais achevons, ou créons les ébauches du doute qui éventre notre sang. L'abatture d'un soleil peut faire naître des astres qui consolent le voyageur nocturne ; les mots de la couleur épicène de la cime coulent comme le concept trace son expression d'argonaute.

Particules de l'autre

Exfolier la banalité de l'arbre de tous les malentendus, cet arbre dégénérescent qui porte son fardeau, petites banalités sur saillantes banalités éventées. Cet arbre survit pourtant dans une forêt, une forêt philosophiquement éparpillée, à un kilomètre de lui il en est un qui survit semblable à lui, ses plus proches voisins ont peut-être davantage de feuilles communes et encore plus difficile à exfolier que les siennes; mais il guette l'aperçu, le croquis, l'ébauche, la pluie qui s'abat sur son tronc lui fait ressentir plus intensément son immersion intérieure dans le prosaïque abattage de soi-même, il en rêve, il lui faut exfolier, il guette la pensée d'être Autre.

Il rêve d'une implantation dans lui-même, il rêve d'un labour non loin de lui, il rêve du matin des possibilités et au soir il rêve d'être convaincu par les fables et les légendes. La foudre ne se fraye jamais un chemin dans le cœur de ses illusions. Il rêve de mauvaises herbes à sa souche, mais nulle entité, ni en chair et en os, ni spectrale, ni idyllique, ni religieuse, ni quoi que ce soit ne vient rompre son paysage désert amplifié par son être trop plein, hyperbolique.

En espérant être Autre, il est les prémices de l'Autre. Il est son substrat. Sa rumeur. Son étincelle erratique, l'heureuse prescience, le premier tracé d'une voie romaine, la plus belle ville-fantôme avant l'apothéose d'une transhumance, il est un tronc réversible, un toit des cirrus en mutation ; il est l'effort, l'analyse, le comparatif, le contemplatif de négations, le vœu, le pantomime, le cérumen d'une orbite stellaire, le caillot de la trouille, l'adage et l'orfraie.

Le baptême de l'absinthe

En lieu et place de l'au-delà, un pays de symboles, continental de la psyché, maelström plus inné qu'adventif à sourdre des cieux, assainit la peur des clartés fatuiteuses. Des croix révocables tant par la stérilité de leur contemplation que par leur thébaïde surannée ; des lieues de littérature que font éclore de bien pires mémoires ; un cénacle de séraphins imbibés d'une aura artificielle, normés cérémoniaux de poursuivre les rondes de l'appel sentenciable d'un millénaire de proses. J'enflamme les absinthes comme substrats de l'insigne Graal. Ces choses alliciantes, fées orphiques, sont des liqueurs dont l'aspect se tarit au fond d'un puits sacré recouvert de ciment ; ces choses de la douleur de l'exil, des complaintes sépulcrales — force et dérive, mirage d'yeux éclos par quintessence, extase qui s'embourgeoise de visions chrétiennes, fatuité par la croyance à demi politesse — ; des psychoses du ciel, des profanités de la terre, des manies ésotériques, des dépressions qui suivent le rythme des peurs sentencieuses : les miroirs d'une agonie au grand dam du ciel d'émerveillement et de l'appel des puissances angéliques. En dynaste outrageux de combles souterrains qui s'arc-en-cielisent en poussant des cris d'orfraie aux victuailles de l'élégie.

Ce sont mes fêtes empyréennes… Oblongues liesses fortuites de chants infernaux qui nomment le soleil d'un sens approximatif dès lors que toute autre chose sera l'aggravation d'un génie statuaire, allégoriste, tel baptismal ; béni dans l'être en proie à mainte extase exilée, tombale ou miséricordieuse — mélange de notion visionnaire et de retraite disconvenue. Les termes envers l'abstraction d'un idéal souscrivent à la Secte de la synesthésie.

Pourtant, tout m'apparaît… Tout s'élide lacrymal. L'alcool emplit l'âme à mesure qu'il la dédouble mais qu'il en sacrifie une partie au profit d'un vide, un vide écorché par le chant des muses et par l'espoir trituré en tous sens, et dont les apparats rappellent l'être à remplir son imaginaire feint de chimères sommeilleuses. L'énergie se rapporte au fait qu'elle découvre l'hymne des voix gardiennes du silence maladif, pour qu'elle puisse arborer sa dépréciation. Je jette l'astre pour admirer une constellation d'axiomes : le sang du cœur rapproche la souffrance édénique de la sérénité infernale ; ma chair s'alcoolise comme la brume de l'amen, et je métaphorise les cieux en un moteur débridé vers les plus souterraines boues et vers le sifflement des amours congédiées ; la séquelle enfouie en providence du souffrant, le luxe de la souffrance et la misère de l'épanouissement. Ah comme je sens que l'ode se distend jusqu'en moi ! Comme mon passé me dénombre et comme mon futur m'implore ! Des avalanches d'alcool vers un Mont oublieux, pour que la douleur soit reléguée en statut subalterne et baptisée par la parole des fièvres. Non plus corrompre l'astre par une prétendue espérance, jamais plus car il glisse, s'évade, se rompt et capitule dans l'ère de ceux qui peuvent y puiser l'empreinte d'une souvenance.

Ah comme cisèlement de la solitude ! m'offrir un idéal d'absoluités, un dialecte, un verbe, une survie ; m'imposer une loi cardinalice qui préside un néant justifié ; me connaître comme accomplissement de tous déboires, de toutes fièvres, de tout futur infiniment abrogeable, de toutes liesses rachetées à la bête de l'incantation. Ah comme je me sens innommé ! Une pensée dans le sillon d'une autre plus sépulcrale, une envie qui se heurte à des lésions infuses, des amours comme des prières de mécréant — un être comme providentiel des choses artistement fantomatiques, furetées par l'âme d'abnégation et révérencieuse, voire licencieuse — ; et le péché : l'incision d'évanescence sur l'éternel supplice.

Métastase paranoïde

Mon esprit est une métastase qui se questionne sur le degré d'objectivé qu'il peut supporter et sur celui qu'il doit dénier ou ignorer. L'homme des chaînes et de la lame ou l'homme proscrit des fantasmes millénaires... De longues illusions peuplent ma mémoire d'outre-monde et de péché archaïque, je suis le Seigneur des prémices humaines, le vendangeur des pensées occises, l'orfèvre de l'inexpiable. Je suis mort des millions d'années. Je ressens tout jusqu'à tant que mes limites affectives servent de bloc. Je ressens ce bloc envahir mon esprit plus tombal que vivifiant. Je ressens toutes larmes, tous crimes, tous désespoirs ; je ressens le poids de toutes les négativités et de toutes les légendes de Folklore et de malédiction.

Je m'avance dans des prophéties aussi savantes que profanes. Je suis le réceptacle de l'humanité. Mes larmes ne m'appartiennent plus, elles ne proviennent que d'un total chaos et de l'absence d'espoir dont l'illumination n'est que le point ambigu de la mort assénée à coup de théorèmes cosmiques et de précellence mal bâclée. Je suis des milliards d'atomes, atomes des songeries pluvieuses, je suis une position de fluctuations incessantes de bas et de gouffre et de l'ici, l'ailleurs est dans mon ici. Tout ce qui sert de haut m'écrase, me broie, me personnalise. Je suis l'écrasé des fusions cérébrales, le porteur d'os lacrymaux et d'os rêveurs. La désespérance illustrée par le pinceau du mutisme horrifié. Il me faut avancer — il m'en reste tant —, je peux tout supporter ; de n'importe où à l'ici il ne passe qu'une seule apocalypse dans son refrain mêlé de stigmates et de cérébralité.

Empyreume
Le complexe de Narcisse

Un jour me viendra l'idée native et infuse et ce jour je serai plus seul que le Sisyphe de toutes les suspicions, ce sera le Livre-incognito sans yeux et sans oreilles, telle une poussière idolâtrique soufflée au couperet de ce qui est de trop et de ce qui n'est pas assez ; interjetant en filigrane et presciences... Je sais qu'elle m'y est déjà, au-dedans de moi, idéalisée si elle convie à tous paradoxes concrets d'une déréliction irrévocable et muette, elle m'éreinte de se transcender par petits éléments elliptiques et par de subtils interstices instinctifs. Elle est au fond de ces apparences, dans des abysses dont la dangerosité et la hantise balisent quelques empreintes, quelques signes, quelques supposés desquels il ne faut pas s'intensifier, s'oublier, se dénier ; car ils présagent le total abandon de soi que seule une culpabilité parvient à démunir et vivifier, comme pour se sentir vif de cet homicide autant démoniaque qu'angélique… Nonobstant l'étau de toutes les sacristies incurables et désirables.

Cet idéal chevillé à ma terre et au flux de ma veine, apocalyptiquement révélatoire, est un point-virgule et ce qui le succédera sera une névrose jamais parvenue, et le point final la psychose d'un être qui a lu et élu son fond, qui l'a réellement atrophié sans fantasme, sans idéologie, sans angélisme ; ce qui le précédera sera une demi-solitude souffreteuse euphémique, une complainte reposée et cathartique, un soubassement d'intuitions originelles, un chant de serpent, un symbole de regret dans toutes religions du non-être — le mur de l'angélisme contre la veine de l'âme. Je le sais, cette idéalité gît en moi, il me faut juste fissurer et creuser ces apparences et, peut-être, adviendra-t-il sa puissante illumination qui fera de moi un être puissant de solitude jusqu'à ce point-final de l'inconscience mêlée à l'heure des rixes impressives et endiablées ; pour le sacre de ce qu'est la poésie, en abandonnant les outils qui l'ont exhaussée et enchantée tout en l'ayant désenchantée ; de façon cellulairement démise sous la déclamation des accents du Zodiaque et sur l'approximation des signes de vertèbres et d'encéphales.

Car le poète est au Projet ce que l'alliance est à l'Or, et l'alliance qui encercle est le symbole de l'emprise ; quant à l'or il est le symbole de la possibilité.

—Mais je renonce, je choisis autre chose jusqu'à ta nt que…

Je n'idéologise plus cette alliance, cette emprise ; je ne prétends plus à cet or, cette possibilité. Ce jour m'est venu, il me vient cette idée qu'est la réfutation, le déni de l'idée artistique ; ce poète, ce projet n'ont pas davantage de valeur, de crédit, de légitimité, de beauté, de supériorité, de richesse, de mérite, de bonheur qu'une naïve balade sous un soleil concret. Sa description éclora dans les certaines beautés d'un certain langage de l'éphémère et de l'ici ; et les simplicités et les élégances brutes de l'âme écloront à leur tour dans l'éveil et dans le sommeil des multitudes et des thébaïdes de l'impersonnalité... Et tout s'intensifier, s'opaliser : opaline-naissante ! Pourtant réalisée, infuse, ressentie dans chaque antécédence ; le revoilà, le point-virgule, comme après mille ans de supplice. Ah ! L'échappée littéraire, la véritable glose et le rêve et l'exégèse, me ressentir, m'inventorier de concret, aimer aux alentours de m'aimer, voir les choses en les soustrayant de leurs complexités et de leurs langues parachevées. Ne plus prendre tropisme vers l'Ophir mais vers l'accomplissement d'un chemin qui ne promet aucune possibilité, car l'Odyssée prévoit toujours des sacrifices, et les sacrifices prévoient toute la rumeur des sens, et les sens prévoient et fabriquent de l'insensé.

Le travail même de l'âme qu'est mon écriture la nivelle dans les souterrains, elle ne s'y transmue d'aucun dédoublement mais plutôt est parallèle à un semblant de transcendance unifiée qui impute des sensations fantasmées et qui infirme la position de l'être dans sa globalité existentielle. Car le détail, la primauté, l'unique énergie se rapprochant l'ensemble se dissipe et l'âme ne se focalise que sur une partie de son intégrité, les autres parties submergées qu'elles sont par les flux et reflux d'une mémoire monopolisant n'accèdent pas à la primordialité qui fait adhérer l'âme, que je le veuille ou non, à la simplicité concrète, aux objets du quotidien, à ce qui est moi-même dans la mesure de ce qui m'entoure et me conditionne. Mais pour me mentir il faut d'abord que je sache ce qu'est un mensonge : mensonge des glèbes, mensonge des ciels…

Je pourrai me laisser imprégner par ce soleil concret sur ma peau concrète : voilà ma nouvelle littérature la plus avant-garde, car il me faudra bien éviter de devenir fou au nom d'une abstraction, d'une chimère macabre qui a autorisé autant de brillances mortes, de chairs mortes et d'amours mortes ; les miennes gisent encore malades de tant de labours, elles ne font que puiser dans leurs survivances et se fleurdeliseront comme une extase au summum de la vie affective. C'est ce jour et je me sens plus seul que jamais, tellement seul, il fait tellement jour ; et les yeux et les oreilles qui trouveront ce Livre tout compte fait bien banal n'en comprendront pas sa vitalité, celle-ci est non plus l'abandon de soi mais le désenchantement de l'art ; cette œuvre n'a pas de substance, de rimes sécables à la Mnémosyne. Au nom de quel dieu les preuves sont-elles objectives ? Au nom de quel présupposé mystique le poète s'affectionne-t-il de ses bravades ligaturées du fiel de l'emprise ? Au nom de quel Olympe l'or sème-t-il le fléau marial des caducités vagissantes et des fantasmagories invétérées ?

Il n'est pas cette preuve dont l'altitude me prévaut que je puisse clamer pour prouver ce plus lumineux et ce plus vital Chef-d'œuvre.

Littérateurs cosmogonistes

Un chaos déchirant et somnambulique se fraye un chemin vers un système solaire scripturaire. Les encres brûlent, elles achèvent leurs paradoxes, leurs recherches, leurs positions. Elles s'élèvent innocemment et inconsciemment vers ce qu'elles estimèrent avec la richesse de la contemplation et la force de l'immanence. Des bribes du Zarathoustra se mêlent aux notes kafkaïennes pour se heurter à un trou noir, le Tao Te King se déposera sur les anneaux de la géante gazeuse Saturne, Cioran atteindra une station spatiale sur Mars, la morphogenèse de L'être et le néant se dilapidera dans l'antimatière, Dante s'expatriera jusqu'à une exoplanète de grêles et de vagues infernales, et ainsi de suite. Hermès Trismégiste méditera sur les naines blanches et les supergéantes rouges. Homère gravitera dans des espaces irreprésentables, intraduisibles. Platon sera dans un système recouvré par des landes de chimères, de roches, de glaces et de métaux. Dostoïevski sera enterré sous des flux lunaires, au plus profond de l'inexploré et de l'incréé. Et tout sera romancé et philosophé avec l'approximation du hasard et l'énergie du vouloir et de l'être antécédent.

Thébaïde archaïque

Quand l'hiver paraîtra, je ne serai plus. Quand l'hiver paraîtra dans ma mémoire, je serai, mais je serai à moitié. Je veux être précédé par les tragédies et par les microcosmes de la mélancolie. Je suis dans le Paris des sorcières, j'ai peur de la mort à me lancer des sorts dont la sentence renvoie à la finitude, à l'excentricité de la finitude. Il reste cet avantage du printemps et d'un lieu incréé. Le lieu du malentendu. Le lieu de l'inaction. Nous le parcourons souvent et, sans trop le penser, nous le pensons extrêmement. En ces moments, nos syllabes sont dialectes, notre identité est transportée, notre voix prend l'intonation des syllabes mythologiques et des réfutations originelles.

Complexe de Prométhée

En dessous des lettres calligraphiées bleu-soi des effigies universelles, je m'incline avec la rancœur de ne pas être l'une de leurs réincarnations. Je m'incline avec un soupçon de malice et j'emploie mon esprit à composer des marteaux cosmiques au schéma qui refourgue, qui refourgue déjà quelques lamentations, et ensuite quelques superstitions héritées et grandement increvables bien que délitées.

Je m'incline en lâche, tout rougi par la colère littéraire, tout pauvret de sciences obsolètes, pour mieux me remémorer les monopoles qui m'ont formaté au gré d'un dédale dont la finalité sera une totale décomposition des pontes jusque leurs plus fines concomitances et leurs plus mémorables transvaluations, et ce toujours avec la même cacophonie qui m'est si chère, avec un doigt levé et tout à fait sentencieux.

Je m'incline pour balayer les trois Talons des blessures narcissiques — volutes de pets dans les porcheries de l'esprit —, et comme trompe-l'œil dans les microcosmes des borgnes, je m'incline en face des monologues nihilistes tous frais sortis à destination des ordures mentales et pollueuses (encore à déblatérer).

Je m'incline une dernière fois, avec le maintien du coq, pour oublier tous mots, tous théorèmes, tous concepts, toutes analyses, toutes études, toutes mythologies, tout savoir ; pour oublier les matériaux en chiffon créateurs d'amnésie et de non-retour intellectif. Je supplée à cette apocalypse personnelle par cette chose de plus en plus vague à mesure qu'elle paraît de plus en plus connaissable. Qu'est-ce que les plus grands esprits ont ignoré ? Cela ne peut naître que par le hasard ou la Providence d'une pensée insensée et exponentielle dans un réceptacle humain qui adhère à cette pensée insensée exponentiellement.

L'étranger des glaces

Je perdrai la mémoire comme une nuit antique au regard d'un ciel chaste de mythologie, enivré par des atmosphères de contemplation et de confuses souvenances. Le cauchemar transpire de mes pores, de ma gorge, de mes doigts et de ma réflexivité. Je rêve de glaces sitôt que l'éphéméride des damnés m'indique les hyperboles du feu qui, couleur après couleur, s'intensifient pour graver dans l'être la marque de l'ineffaçable et du non-retour, mon jumeau est un monolithe contemplé par des syllabes archaïques et des mouvements lacrymaux et criards. Il me faut fuir, peut-être que nous avons cet élan pacifié lors des oiseaux de passage et des landes abstraites, constitués par la force de l'âme, molestés par l'oubli, humbles de chaînes, invraisemblablement humains par compromission facultative.

Hier est un temple lointain construit sur les cinq continents, il n'est plus mais il peut être n'importe où. Il me faut rechercher ce qui ne demande aucune recherche, ici repose la solution. Alors je fige mon visage dans les glaces de l'esprit, celui qui me deviendra l'étranger le plus miraculeux, providentiel, tout à fait pareil à lui-même plutôt que pareil à moi-même ; je le chérirai, je le consolerai, je le méditerai ; son regard s'effacera et il dévoilera des contrées inexplorées et infuses, je saurai, je verrai l'extrême amour des mes délices adolescentes sur le parvis de toutes les possibilités. Je sentirai vingt-trois années reprendre la vigueur et les dispositions ébauchées du bonheur. Je m'enivrerai de bleuité morale, d'insouciance et d'angoisses mineures. Les catacombes et le terreau des démembrements prendront racine au ciel. Je pleurerai dans l'Avant. J'ignorerai la Logique et les Astrologies. Je répugnerai les ésotérismes et les dogmes systématiques. Je me verrai, là, debout sur le printemps des possibilités à poétiser l'hiver avec des revers de fantôme et d'ectoplasme, béni de tant de maux, couvert d'Éos et de complaintes, et je composerai des épopées à moi-même pour être pareil au mot des questions intemporelles. Des Platon et des Eschyle dans mon âme peupleront mon essence, jusqu'au souvenir du zéro mental. Je moquerai les politiques chrétiennes et j'ironiserai sur les lois suburbaines. Je dénoncerai la liberté de stupidité et je serai le prince des goulags personnels tout en parachevant des hymnes saturniens. Mieux qu'être ignorant, je désapprendrai toute ma culture, toutes mes langues, toutes mes suppositions ; ma pensée aura l'inflexion des algèbres révolutionnées et la limpidité des syllabes des sources millénaires sans plus de rythme que de dénomination.

Adieu aux bohémiens

Aux bohémiens, je tiens à dire adieu. En ce lieu de blancheur et de recherche non conceptualisée je m'engage à l'oubli, à l'effervescence de l'oubli. Je m'engage non pas à l'ignorance mais à désapprendre toutes cultures, toutes doctrines, tous dogmes, tous mots ; je m'engage à me désemplir dans un exil dont l'unique salut est l'antipode de l'anamnèse ; je m'engage à l'amnésie.

© 2020, Quittelier, Julien
Edition : Books on Demand,
12/14 rond-Point des Champs-Elysées, 75008 Paris
Impression : BoD - Books on Demand, Norderstedt, Allemagne
ISBN : 9782322210084
Dépôt légal : juillet 2020